말-언어장애 아동을 위한

호흡 · 조음 · 발성 치료

Veronika Struck · Doris Mols 공저

박정식 · 배진애 공역

학지사

Atem-Spiele: Anregungen für die Sprach- und Stimmtherapie mit Kindern

Atem-Spiele: Anregungen f r die Sprach- und Stimmtherapie mit Kindern

by Veronika Struck and Doris Mols

역자 서문

조음장애를 보이는 아동을 치료하다 보면 불기나 빨기 등의 훈련을 많이 하게 된다. 불기와 빨기는 호흡에서 출발하는 훈련이다. 조음의 문제가 단순히 조음기관에 국한된 문제라고 볼 수 없다는 것이다. 조음장애 아동을 진단해 본 임상가라면, 조음장애를 초래하는 가장 흔한 원인이 구강호흡임을 알 수 있다. 구강호흡으로 인해 구강안면 근육의 불균형한 발달이 나타나고 그것이 대부분 조음장애로 이어진다. 또한 구강의 일차 기능인 먹고 삼키는 것에 문제를 보이는 아동도 많다. 다시 말해, 구강호흡으로 인해 삼킴장애가 동반될 뿐만 아니라, 호흡장애, 구강안면 근육의 불균형적인 발달, 조음장애도 나타난다. 경우에 따라서는 음성장애도 나타난다.

호흡과 조음, 그리고 발성은 서로 구분된 영역이 아니라 아주 밀접한 관계에 있다. 따라서 이 영역 중 하나에 문제를 보일 경우, 위 세 영역을 같이 검사하고 치료해야 한다. 이 책은 이러한 관점에서 전체적인 문제를 이해하고, 실질적으로 임상에서 적용할 수 있는 방법을 구체적으로 설명하고 있다. 이 책의 대상은 아동이다. 따라서 아동에게 적합한 놀이를 중심으로 하여 호흡 · 조음 · 발성 치료를 할 것을 권하고 있으며, 이에 유용한 놀이를 구체적으로 제시하고 있다.

이 책은 전체 5개 장으로 구성되어 있다. 1장에서는 호흡과 관련된 해부생리학에 대한 간단한 설명과 더불어 호흡의 기능에 대해 설명하고 있다. 그리고 자세와 호흡의 관계에 대해서도 언급하고 있다. 2장에서는 구강호흡과 비강호흡을 비교하면서, 만성적인 구강호흡에서 나타나는 문제점을 자세히 살펴보고 있다. 3장에서는 구강호흡을 치료하는 방법을 제시하고 있으며, 또한 치료 시에 사용할 수 있는 마사지 법이나 아동을 위한 이야기 등을 제시하고 있다. 4장에서는 치료 시 활용할 수 있는 놀이 방법과 구성에 대해 설명하고 있으며, 또한 치료 시에 나타날 수 있는 문제점과 그에 대한 해결 방법 등을 상세히 설명하고 있다. 5장에서는 호흡과 관련된 놀이를 구체적으로 소개하고 있다. 들숨과 관련된 놀이와 날숨과 관련된 놀이, 그리고 음성과 관련된 놀이를 다양하게 제시하고 있으며, 각각의 놀이에 대한 준비물과 실행 방법, 주의 사항, 응용 방법을 소개하고 있다. 또한 각각의 놀이 목적에 대해서도 구체적으로 설명하고 있으며, 저자가 임상에서 직접 치료한 여러 사례를 토대로 하여 치료 회기를 구성하고 어떻게 치료를 진행시켰는지에 대해 구체적으로 소개하고 있다. 그리고 놀이에 사용되는 기초 자료를 복사하여 사용할 수 있도록 그림 자료를 부록에 잘 정리해 두었다.

이 책을 번역하면서 독일어와 우리말의 언어적 차이로 인해 우리말로 그 의미를 명확히 구분하여 번역하기 어려운 경우가 많았다. 예를 들어, '킁킁거리며 냄새 맡기' '코 훌쩍거리기' 등과 같이 원저에서는 '냄새 맡기'의 형태를 세분화하여 사용하였으나, 우리말에 딱 맞는 적절한 표현을 찾을 수 없어 안타까운 마음이 컸다. 역자들은 가능한 한 원래의 의미를 유지하면서 이해하기 쉽게 번역하려고 노력하였으나, 부분적으로는 낯선 표현이 있을 수 있다. 이 점에 대해서는 독자 여러분의 너그러운 이해를 바란다. 해부학 용어는 원칙적으로 우리말 '새 용어'로 번역하였지만, 예를 들어 '흉곽'과 같이 일반적으로 널리 사용되는 일부 용어는 이해를 돕기 위해 '옛 용어' 그대로 번역하였다.

이 책을 한국어로 번역할 수 있게 허락해 주신 저자 Veronika Struck과 Doris Mols에게 감사를 드린다. 그리고 이 번역서를 출판할 수 있는 기회를 주신 학지사 김진환 사장님, 서한나 님, 그리고 편집과정에서 도움을 주신 편집부 김경민 님 외 여러 관계자 분께 진심으로 감사를 드린다. 또한 이 책의 초고를 읽고 많은 도움을 준 충남대학교 대학원 언어병리학과 박사과정에 재학 중인 강안영, 김지연, 박혜연 선생에게도 고마운 마음을 전한다.

아무쪼록 이 번역서가 조음, 호흡, 음성을 공부하는 학생이나 아동을 치료하는 임상가에게 조금이나마 도움이 되었으면 한다.

2010년 1월

역자 일동

저자 서문

호흡과 관련된 문제는 오늘날 점차 증가하고 있으며, 그 심각성도 더욱 커지고 있다. 이미 학령기 전 아동에게서도 병리적 호흡 형태가 나타나고 있고, 언어치료를 하다 보면 언어적 문제뿐만 아니라 구강호흡 문제로 인해 말하기에서 어려움을 보이는 아동이 임상에서 많이 보인다.

Padovan(1976)에 따르면, 일반적으로 사람들은 '직접적인 원인이 되는' 아데노이드나 편도를 제거만 하면 구강호흡 문제는 해결된다고 생각하는 경향이 있다. 물론 문제가 되는 주요 부분이 제거된 것은 사실이다. 그러나 호흡 형태를 바꾸고 근육 기능의 훈련을 하지 않는다면 구강호흡 습관은 계속 유지된다.

이 책에서는 자연적인 비강호흡의 중요성과 구강호흡의 병리적 현상에 대해 설명하고 있다. 이 책을 읽고 언어치료사들이 임상에서 만나게 되는 구강호흡 문제를 새로운 시각에서 해석하는 계기가 될 것이다.

이 책의 전반부에서는 자연적인 비강호흡의 의미, 그리고 자세와 호흡의 관계에 대해 설명하고 있다. 심각한 구강호흡으로 야기되는 문제점을 다른 여러 증상과 연관 지어 이해하기 쉽게 설명하고 있다.

구강호흡의 문제점을 도표로 보기 좋게 정리해 놓았으며, 이 도표는 부모교육 시 유용하게 사용할 수 있다. 부모교육에서 구강호흡의 문제와 비강호흡의 중요성을 이해시킴으로써 치료에서 부모의 협력을 더욱 잘 이끌어 내고 다양한 동기부여를 할 수 있다.

이 책의 중반부에서는 자연적인 호흡법을 자극하고 훈련시킬 수 있는 다양한 놀이를 정리해 놓았다.

소개된 모든 놀이는 특별한 준비과정 없이도 진행할 수 있다. 각각의 놀이를 이해하기 쉽게 설명하였으며, 경우에 따라서는 사진이나 그림을 첨부함으로써 이해를 도왔다. 또한 놀이의 목적과 응용, 주의 사항 등을 각각의 놀이마다 제시하고 있으며, 하나의 놀이를 한 면에 정리해 놓음으로써 손쉽게 사용할 수 있도록 하였다. 놀이는 들숨을 강조하는 놀이와 날숨을 강조하는 놀이로 구분하여 정리하였다.

이 책의 후반부에는 여러 놀이에서 사용할 수 있는 자료를 정리해 놓았다.

이 책을 이용해서 우리의 소중한 아이들과 함께 놀이를 하는 데에 더 많은 즐거움과 자극이 있기를 독자에게 바란다.

차례

| 03 |

구강호흡 치료 ······························ 99

| 04 |

들숨과 날숨에 관한 놀이 ······························ 125

| 부록 |

활용 자료 ······ 273

01 호 흡

1. 흉곽과 허파
2. 횡격막
3. 호흡근육과 보조호흡근육
4. 들숨 통로
5. 날숨 통로
6. 자세와 호흡
7. 호흡의 기능

호흡은 생명에 중요한 산소를 신체에 공급하고 탄소를 배출시키는 역할을 한다. 이 기능은 호흡중추인 다리뇌(pons)와 숨뇌(medulla oblongata)에서 자동적으로 조절된다.

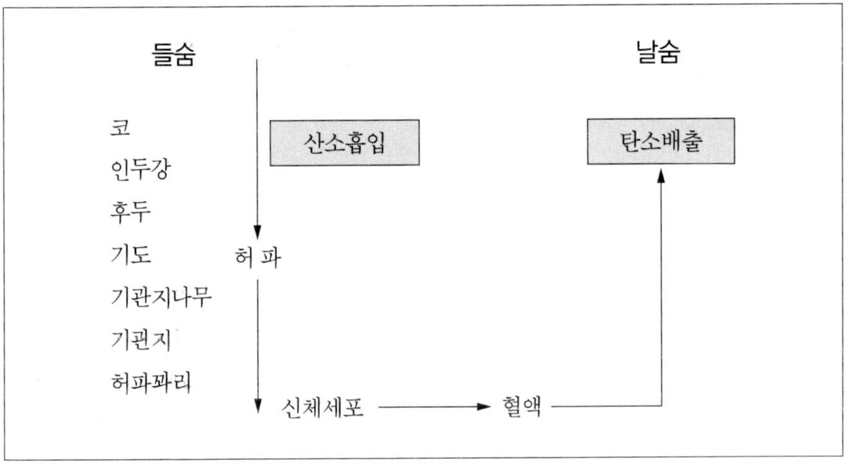

호흡에 관한 자세한 설명은 해부생리학 교재를 참고하기 바란다.

이 책에서 소개되는 호흡놀이와 구강호흡의 문제점을 이해하는 데 도움을 주기 위해 다음에서 호흡과 관련된 기관과 근육, 그리고 각각의 기능에 대해 살펴보고자 한다. 즉, 흉곽, 허파, 횡격막, 호흡운동, 호흡주기의 균형에 대해 소개하고자 한다.

1. 흉곽과 허파

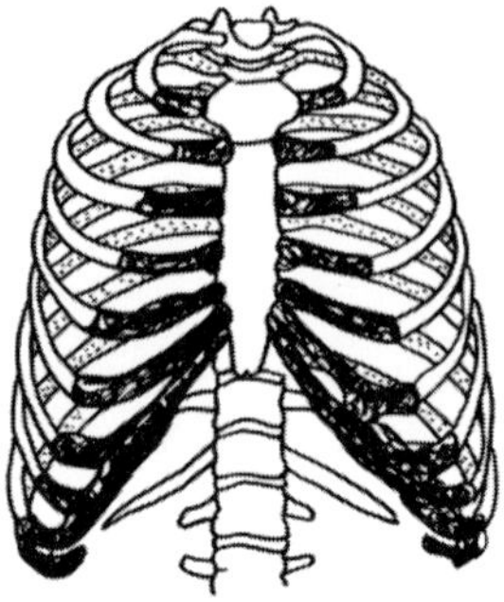

흉곽

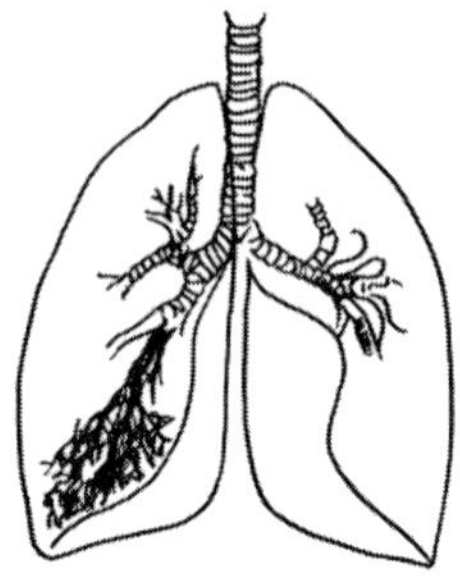

허파

1) 구성

흉곽은 12쌍의 갈비뼈로 이루어져 있으며, 척추에 관절로 연결되어 있다. 그중 7쌍은 복장뼈(sternum)로 연결되어 있으며, 아래쪽에 있는 나머지 5쌍은 복장뼈에 간접적으로 연결되어 있거나, 혹은 전혀 연결되어 있지 않다. 갈비뼈 사이에는 대각선 방향으로 결이 나 있는 속갈비사이근(internal intercostal muscles)과 바깥갈비사이근(external intercostal muscles)이 있다. 흉곽과 근육은 몸을 앞으로 굽히거나 옆으로 굽히는 것과 같은 사람의 움직임과 호흡운동에서 중요한 기능을 하고 있다.

허파는 흉곽 안에 있으며, 흉곽의 보호를 받고 있다. 허파는 2쌍으로 되어 있으며, 크기는 서로 다르다. 오른허파(right lung)는 3개의 엽(lobe)으로 구성되어 있으며, 왼허파(left lung)는 2개의 엽(lobe)으로 이루어져 있다. 기관지나무(bronchial tree)는 위쪽으로 기도를 따라 올라가 후두와 연결되어 있으며, 아래쪽으로는 두 허파 안쪽으로 뻗어 미세조직과 기능단위와 연결되며, 또한 허파꽈리(pulmonary alveoli)에 연결되어 있다. 허파조직은 결합조직(connective tissue)으로 되어 있다. 이로써 매우 탄력적인 조직 장력(tissue tension)이 형성되며, 이 조직 장력은 허파꽈리의 붕괴를 방지한다. 허파는 일종의 주머니와 같은 가슴막(pleura) 안에 있으며, 이 가슴막은 흉곽에 고정되어 있다. 가슴막은 이중벽으로 되어 있어 허파가 움직일 수 있게 해 준다.

2) 기능

숨을 쉴 때에 허파조직은 주기적으로 이완과 수축을 반복한다. 허파의 주 기능은 공기와 혈액 사이의 가스 교환이다.

흉부로 호흡을 하는 경우 호흡량의 1/3 정도를 채울 수 있다. 자연스러운 이완 시에는 횡격막 운동과 아래쪽 바깥갈비사이근만을 이용한 주기적 환기운동을 통해 호흡이 이루어진다.

3) 날숨

숨을 내쉴 때에는 바깥갈비사이근이 이완과 수축을 반복한다. 흉곽은 수동적으로 아래로 내려가며, 갈비뼈와 복장뼈도 아래로 내려간다. 숨을 깊게 내쉴 경우에는 속갈비사이근이 긴장된다. 배근육과 몸통근육은 긴장이 없이 유연하게 아래로 내려간다. 허파조직은 탄력적으로 수축된다. 탄소를 포함한 공기는 아래쪽 공기통로인 기관지, 기도, 후두를 지나 위쪽 공기통로인 인두와 입, 코를 통해 몸 밖으로 빠져나간다.

4) 호흡휴지

숨을 내쉰 후 다시 숨을 들이쉬기 전에 갈비사이근과 배근육, 그리고 몸통근육이 이완되며, 횡격막과 허파조직도 이완된다. 복장뼈는 수동적으로 아래로 내려간다. 이때 들숨운동이 시작되기 전에 짧은 호흡휴지(respiratory pause)가 일어난다. 호흡휴지의 시간은 앞서 일어난 날숨이 어떻게 끝나는가와 관계가 있다. 호흡휴지는 '호흡정지'를 의미하는 것이 절대 아니며, 새롭게 숨을 들이쉬기 위한 준비과정이다. 호흡휴지가 일어나지 않는 경우 자연적인 호흡주기가 변하여 신체기관에 손상을 불러일으킬 수 있으므로, 이 호흡휴지에 주의를 기울여야 한다.

5) 들숨

숨을 들이쉴 때에는 바깥갈비사이근이 긴장을 하며, 흉곽과 복장뼈가 위로 들어 올려진다. 흉강은 옆으로 확장되며, 속갈비사이근은 이완된다. 횡격막은 아래로 내려가서 흉강을 확장시켜 준다. 공기가 양쪽 허파에 채워진다. 허파에는 압력이 형성되며, 이 압력과 호흡중추에서의 조절을 통해 공기가 몸에 빨려 들어온다. 숨을 들이쉬는 것이 수동적으로 일어나는 것처럼 보인다.

2. 횡격막

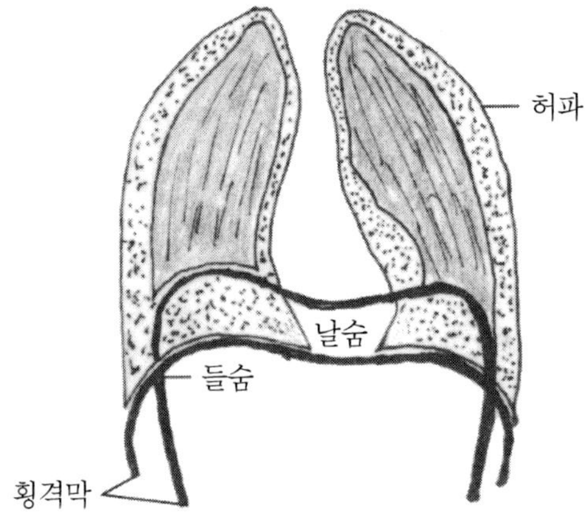

횡격막 호흡(Spalteholz, 1959/60)

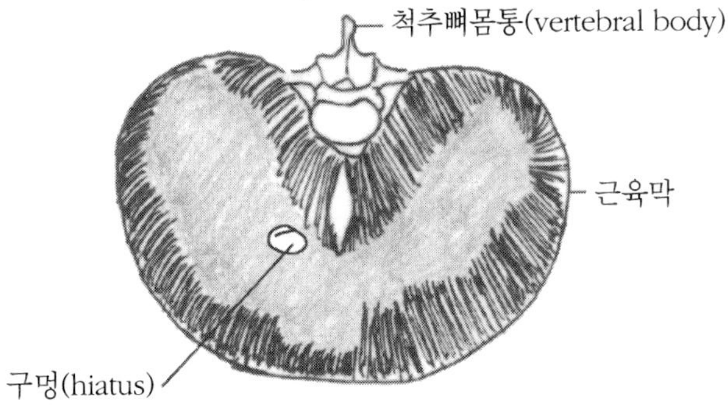

횡격막 윗면(Hayek, 1953)

1) 구성

횡격막(diaphragm)은 가로로 이어진 근육다발로 구성된 근육막이며, 흉강과 복강으로 나눈다. 횡격막은 흉곽과 요추의 아래 끝 부분에 연결되어 있다. 이 근육다발은 2개의 오목한 형태의 근육층을 형성하고 있으며, 2개의 오목한 부분 사이에는 심장이 놓일 수 있게 아래로 내려가 있다. 횡격막 중앙에는 아래대정맥구멍(caval opening), 식도구멍(esophageal hiatus), 대동맥구멍(aortic hiatus)과 같은 구멍이 있다. 횡격막은 손으로 만져서 느낄 수 없는 근육으로, 횡격막이 팽팽하게 펼쳐진 천과 같다고 생각하면 놀이와 훈련에 도움이 될 수 있다. 횡격막 자체는 느낄 수 없으나, 숨을 쉬는 과정에서 나타나는 움직임을 통해 느낄 수 있다.

2) 기능

횡격막은 주요 호흡근육이며, 들숨 시에 호흡공간을 확장시키는 역할을 한다. 횡격막은 뇌의 호흡중추인 숨뇌(medulla oblongata)에서 수축 신호를 받으며, 횡격막의 2개의 오목한 형태는 평평하게 펴지게 된다. 횡격막 바로 위에 자리 잡고 있는 허파의 끝 부분은 아래로 내려오면서 커지게 된다. 호흡량의 2/3는 횡격막의 작용으로 이루어진다.

3) 날숨

횡격막 수축이 끝나면 날숨이 시작된다. 횡격막의 긴장은 숨을 내쉬는 동안 횡격막이 위로 올라가 오목한 형태가 될 때까지 탄력적으로 유지된다. 공기가 나가고, 이를 통해 발성이 이루어지거나 말소리를 만들어 낼 수 있다. 또는 소리 없이 공기가 코를 통해 몸 밖으로 나갈 수 있다.

4) 호흡휴지

호흡휴지에는 횡격막의 수축이 이완되면서 중간위치에 놓이게 된다. 새롭게 들숨이 시작되기 전에 횡격막과 갈비사이근의 근육긴장은 저하된다. 호흡휴지의 시간은 앞서 이루어진 날숨의 형태와 신체에 필요한 산소량과 관계가 있다. 자연스럽고 건강한 호흡리듬과 진행을 유지하기 위해서는 이 호흡휴지에 주의해야 한다. 따라서 모든 놀이에서 호흡휴지에 대한 주의가 필요하다. 호흡휴지가 너무 짧을 경우 숨을 자주 그리고 빨리 들이쉬는 현상, 즉 과호흡(hyperventilation)이 나타난다. 이 경우 산소가 신체에 과잉 공급되며, 손이 저렵거나 갑자기 눈앞이 깜깜해지는 현상이 나타날 수 있다.

5) 들숨

숨을 들이쉴 때에는 횡격막이 펼쳐지면서 아래로 내려가고 복강은 확장된다. 횡격막이 아래로 내려가면서 배안에 있는 장기를 누르고, 눌린 장기들은 여러 방향으로 밀리게 된다. 들숨은 자의적으로 이루어지지 않는다. 뇌의 호흡중추에서 혈액 속의 산소량을 측정하게 되며, 신체기관에 산소가 필요하게 되면 횡격막 근육이 수축되면서 산소가 흡입된다. 들숨의 강도는 신체기관의 산소 요구량에 따라 달라진다. 산소 요구량은 신체자세와 활동성에 의해 결정된다.

3. 호흡근육과 보조호흡근육

1) 들숨근육

들숨근육으로는 횡격막과 바깥갈비사이근을 들 수 있다. 바깥갈비사이근의 근육섬유는 대각선 방향으로 앞쪽을 향해 위에서 아래로 내려가는 결을 보인다. 즉, 위쪽 갈비뼈에서 아래 갈비뼈로 연결된다. 척추 부위에서는 근육이 굵어지며, 척추의 가로돌기(transverse process)에서 끝난다. Ehrenberg(1998)는 또 다른 들숨 근육으로 목갈비근육(scalene muscles)과 턱목뿔근(mylohyoid muscle)을 언급하고 있다.

2) 들숨 관련 보조호흡근육

들숨 관련 보조호흡근육은 질병이나 노화, 혹은 감정의 변화나 신체적 활동으로 인해 건강하고 자연적인 호흡 기능이 잘 이루어지지 않는 경우 작용하게 된다. 보조호흡근육으로는 목빗근부위(sternocleidomastoid region), 가슴근육,

위뒤톱니근(serratus posterior superior muscle)과 앞톱니근(serratus anterior muscle), 팔이음뼈의 근육(shoulder girdle muscles)이 있다. 정상적인 경우 말을 할 때에는 이 보조근육의 작용이 감소된다. 말을 하거나 노래를 부를 때에 이루어지는 호흡에서는 보조호흡근육이 중추적 작용을 하지 않는다는 것은 이미 밝혀진 바 있다.

3) 날숨근육

날숨근육으로는 속갈비사이근이 있다. 근육다발은 위쪽에서 갈비뼈를 따라 아래 뒤쪽으로 대각선으로 연결되고 있다. 이 근육다발은 갈비사이공간(intercostal space)의 앞부분에서부터 척추의 뒤쪽 갈비뼈각(costal angle)까지 늘어난다. 그 밖에 호흡근육으로는 배근육과 등근육이 있다.

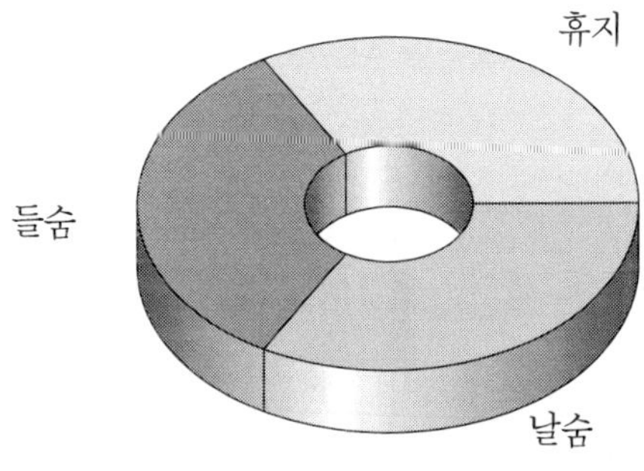

호흡주기

호흡주기를 도식화한 것으로 세 단계가 모두 신체에 동일하게 중요함을 보여 준다.

4. 들숨 통로

1) 코

코는 호흡 기능과 후각 기능, 그리고 공명 기능을 갖는다. 자연스러운 비강 호흡은 이상적인 신체발달에 결정적 역할을 한다.

코의 바깥 부위가 움직일 때에 많은 근육이 작용한다. (1) 코근(nasalis muscle), 특히 코근가로부분(pars transversa musculi nasalis)은 콧방울(wing of nose)을 아래 뒤쪽으로 당겨서 콧구멍을 작게 만든다. (2) 코근, 특히 콧방울부분(pars alaris musculi nasalis)은 콧방울을 움직이며, (3) 코중격내림근(depressor septi nasi muscle)은 코끝을 아래로 내린다. (4) 위입술콧방울올림근(levator labii superioris alaque nasi muscle)은 콧방울과 윗입술을 위로 당기며 콧구멍을 넓힌다.

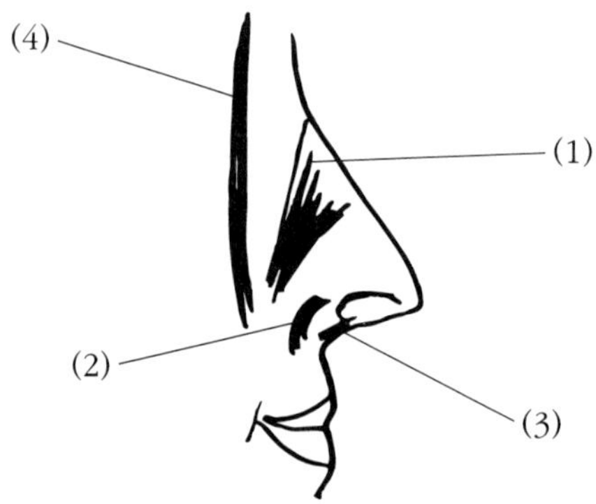

코의 형태와 콧방울의 위치, 코 입구의 좁힘 형태가 호흡 시 공기의 흐름에 영향을 준다. 코의 저항이 들숨에서 공기의 흐름을 늦추고 생리적인 협착(stenosis)을 만든다. 흉곽에서는 흡입력과 압력이 증가된다. 횡격막이 이상적으로 수축을 하기 위해서는 이와 같은 들숨에 대한 저항력이 필요하다.

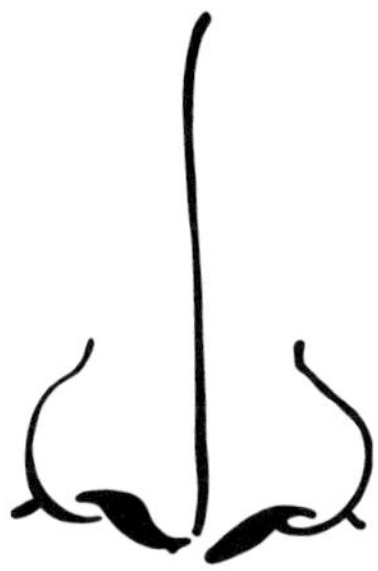

코중격(nasal septum)은 비강을 오른쪽과 왼쪽으로 양분시킨다.

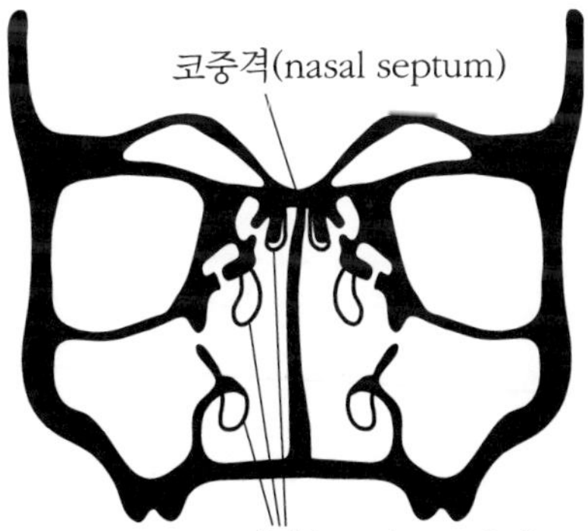

2) 코선반

양쪽 코 안에는 아래 그림에서 1, 2, 3으로 표시된 것과 같이 얇게 올라온 판 모양의 뼈 3개가 있다. 이 3개의 코선반(nasal concha)은 층층으로 겹치는 형태로 형성되어 있으며, 점막(진동하는 호흡상피[respiratory epithelium])으로 덮여 있다. 코선반은 코를 확장시키도록 도와준다.

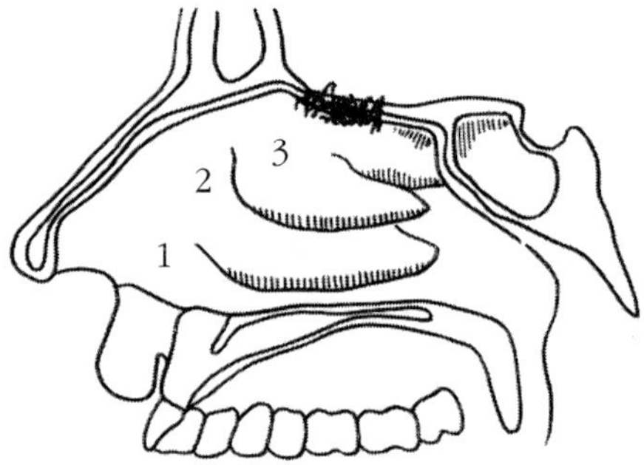

코 안 가쪽면

3) 코곁굴

코선반 사이에는 좁고 굽은 형태의 통로가 있으며, 이 통로는 코곁굴(paranasal sinuses)로 통한다. 코곁굴에는 이마굴(frontal sinus), 위턱굴(maxillary sinus), 벌집뼈굴(ethmoidal sinus), 나비굴(sphenoidal sinus)이 있다. 자연스러운 호흡에서는 공기가 코를 통해 스며든다. 공기 흐름의 속도는 인접한 곁굴로 공기가 흘러들어 가는 방향과 공기흐름의 속도는 기본적으로 호흡공기 온도를 조절하고, 정화하고, 습도를 조절하는 것과 관계가 있다. 다음에서 말하는 코곁굴은 벌집과 나비굴을 의미한다.

찬 공기를 갑자기 들이쉴 때 들어오는 공기를 느낄 수 있다. 들숨은 공기가 들어오는 첫 번째 신체 공간에서 저항에 부딪힌다. 즉, 들숨은 좁고 굽은 통로를 통과해야 하기 때문에 그 속도가 줄어든다. 공기의 속도가 급격히 줄어들기 때문에 공기 흐름의 방향이 여러 번 바뀌게 된다. 또한 공기의 속도 조절로 인해 공기의 온도를 조절하고, 정화하고, 습도를 조절할 수 있는 시간이 생긴다. 코점막(nasal mucosa)은 항상 이러한 공기자극이 필요하다. 코점막에 환기가 충분히 되지 않으면 이상이 발생한다.

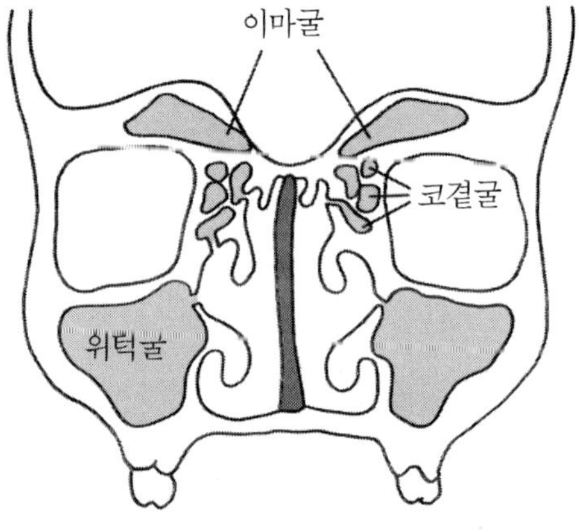

4) 후각점막

들숨은 코 입구의 아래쪽에서 위로 흘러들어 가며, 이때 코 윗부분(벌집)에 있는 후각 부위(regio olfactoria)를 스쳐 지나게 된다. 이곳에서 냄새를 인지하고 인식한다.

매번 숨을 쉴 때마다 우리는 환경에 대한 미세한 정보까지도 얻는다. 눈높이 정도의 위치에 양쪽으로 약 $5cm^2$ 크기의 후각점막층이 있다. 후각점막(olfactory mucosa)은 사람의 신체기관 중 유일하게 중추신경으로 직접 연결되며, 이로써 외부와 직접적인 접촉을 한다(후각점막세포는 뇌세포다). 전체적으로 약 1,000만 개의 후각세포가 있다. 이 후각세포는 얇은 점막으로 덮여 있으며, 매 28일마다 재생된다. 공기와 같이 흡입되는 냄새입자는 후각점막의 표면에서 용해되며, 이로써 후각세포가 작용할 수 있다. 후각세포는 인성분의 얇은 지방층이며, 그 위에 점막층이 덮여 있고, 그 점막층을 냄새입자가 통과한다. 냄새를 인식하기에는 너무 적은 수의 냄새입자는 코점막을 통해 인식되는 것으로 추측된다.

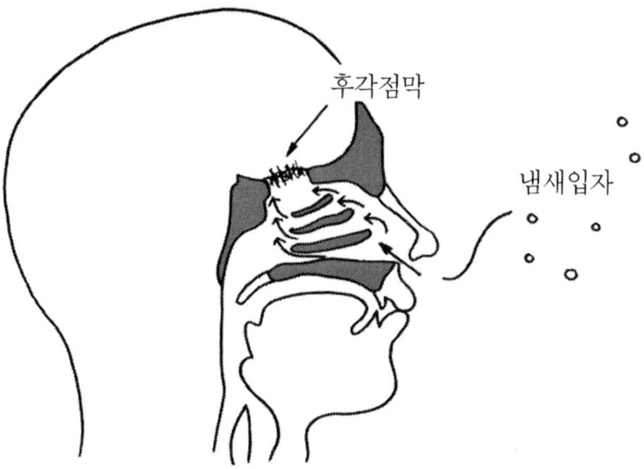

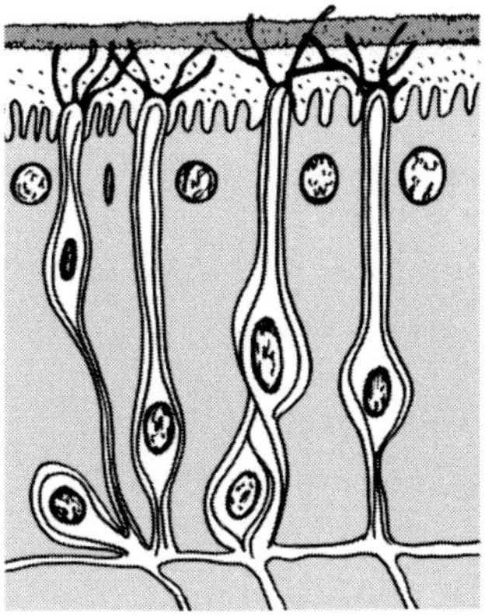

후각점막 확대

5) 발다이어 고리

코에서 구강으로 연결되는 곳을 말하며, 위쪽 인두(pharyx)에는 인두편도(pharyngeal tonsil)와 귀인두관편도(tubal tonsil)가 있으며, 입쪽으로는 구개편도(palatine tonsils)와 설편도(lingual tonsil)가 있다. 이것들은 림프기관(lymphoid organs)에 속하며, 세균감염을 방지하는 기능을 한다. 아동의 경우 발다이어 고리(Waldeyer's ring)가 성인보다 약 4배 정도 크다. 예를 들어 구개편도의 경우, 만성 염증으로 인해 림프조직이 부어오르면, 코인두강이 좁아져 자연스러운 비강호흡이 어려워진다. 이 경우에 구강호흡이 나타나며, 이것은 습관으로 이어지게 된다.

6) 후두

발성과 발화에서 사람의 신체 부위 중 가장 중요한 부분이 후두(larynx)다. 숨을 들이쉴 때에는 공기가 허파로 들어갈 수 있게 후두가 아래로 내려가 성대를 연다. 그 밖에 후두는 기도로 들어오는 이물질을 순간적으로 저지할 수도 있으며, 이 작용은 후두덮개(epiglottis)를 닫거나, 소위 대체성대 역할을 하는 안뜰주름(ventricular fold)을 닫거나, 혹은 성대를 닫는 것으로 이루어질 수 있다. 들어온 이물질은 기침과 같이 목구멍(throat)을 닫아서 밖으로 내보낼 수도 있다.

7) 기도

후두를 통해 들어온 공기는 기도(trachea)를 통과한다. 기도는 약 9~14cm 길이의 단단한 관으로 탄력이 있는 연골 고리로 이루어져 있고, 움직임에 따라 탄력이 조절된다. 기도의 끝은 2개의 기관지에 연결된다.

8) 기관지

2개의 주 기관지(bronchus)는 각각 왼쪽과 오른쪽 가지로 나뉘며 이 가지는 다시 2개의 작은 가지로 나뉜다. 이 가지들은 점점 좁은 가지로 나뉘며, 끝 부분은 매우 작은 수많은 허파꽈리에 연결된다.

9) 허파꽈리

허파꽈리(pulmonary alveolus)는 모세혈관계(capillary bed)로 둘러싸여 있다. 허파꽈리에서 산소를 공급하고 탄소를 배출하는 가스교환이 이루어진다.

5. 날숨 통로

1) 기관지

허파꽈리에서 산소교환이 이루어진 후에는 공기가 날숨을 통해 다시 신체 밖으로 나간다. 횡격막은 이 과정에서 주요 근육으로 작용을 하며, 긴장이 이완되어 흡입력이 떨어진다. 배벽(abdominal wall)은 안쪽으로 들어가며, 횡격막은 위로 올라가서 늘어난다. 이 과정에서 허파는 탄력 있게 수축된다. 흉곽과 복장뼈는 다시 원래의 위치로 돌아간다.

2) 기도

날숨은 아무런 장애를 받지 않고 기도를 통해 후두로 올라갈 수 있다.

3) 후두

날숨은 후두에서 첫 번째 장애를 만난다. 말을 하거나 노래를 부를 때와 같이 발성을 하는 경우 날숨이 후두에서 성대를 떨게 하여 소리를 만들어 낸다.

4) 코곁굴

날숨이 코를 통해 나갈 때에 코곁굴을 통과하게 되고, 이때 코곁굴의 분비물을 청소하게 된다. 운동섬모(kinocilium)는 항상 바깥으로만 움직인다. 분비물 찌꺼기는 코를 통해 밖으로 배출된다.

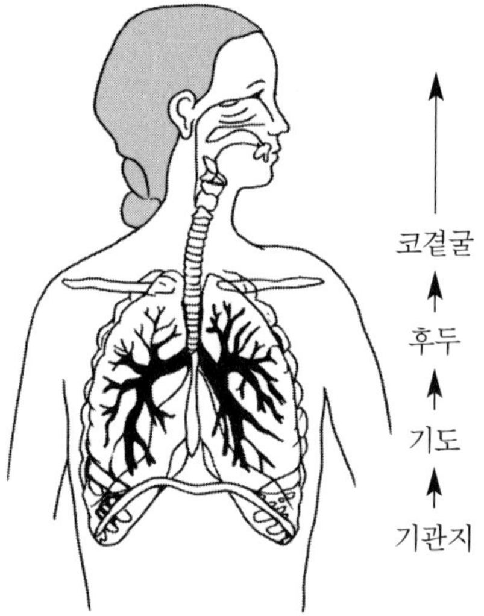

날숨통로

6. 자세와 호흡

자세와 호흡은 서로 밀접한 관계가 있다. 흔히 나타나는 몇 가지 잘못된 자세를 호흡과 관련지어 설명함으로써 자세와 호흡의 상호작용에 대해 구체적으로 알아보고자 한다.

1) 자세

Berquet(1988)의 연구에 따르면, 1945년 이후에 자세가 손상된 사람이 20%에서 40%로 상승되었다.

학령기 전 아동과 학령기 아동 가운데 많은 아동은 신체 활동을 매우 적게 하며 대체로 앉아서 생활을 하거나 잘못된 자세로 앉는다.

앉을 때 잘못된 자세가 발생하는 이유로 다음과 같은 몇 가지 예를 들 수 있다.

- 운동부족(자동차를 이용한 등 · 하교)
- 텔레비전이나 비디오, 컴퓨터를 보는 시간의 증가
- 앉는 자세에 부적합한 가구
- 높이 조절이 불가능한 고정된 가구(너무 높은 탁자 등)
- 성인의 잘못된 자세 모범
- 시간압박, 즉 아동(특히, 학령기전 아동)은 시간적인 이유로 걸어가는 것

대신에 자동차 등을 이용한다.

근육에 대한 자연스러운 자극이 정상적으로 이루어지지 않아 근육의 움직임이 둔화되고 약해진다. 이러한 현상은 비정상적인 자세와 자세의 손상을 불러일으킨다. 물론 선천적인 자세 손상을 말하는 것이 아니다. 비정상적인 자세와 자세의 손상은 정형외과의사나 물리치료사와 같은 전문가의 진단과 치료가 필요하다.

이 책에서는 편마비(hemiplegia)나 뇌성마비(cerebral palsy)와 같은 신경손상과 척추측만증(scoliosis)에 의한 자세의 불균형에 대해서는 소개하지 않는다. 불균형적인 자세는 다양한 이상증상을 초래한다.

2) 호흡

잘못된 자세로 인해 나타나는 비정상적인 호흡이 아동에게 어떤 영향을 미치는지에 대한 연구는 알려져 있지 않다. 따라서 학령기 전과 학령기 아동에게 있어서 잘못된 습관으로 인해 나타나는 비효율적 호흡 형태를 주의 깊게 살펴보고자 한다. 이러한 부정적인 태도를 불러일으킬 수 있는 원인으로는 다음과 같은 것이 있다.

- 만성 기관지염이나 천식과 같은 만성 호흡기 질병
- 만성 코감기
- 텔레비전과 같은 시각 매체를 볼 때에 입을 벌리고 있는 현상

■ 입을 벌리고 있는 인형이 '최신유행'이라고 생각하여 인형의 입 모양을 모방하는 현상

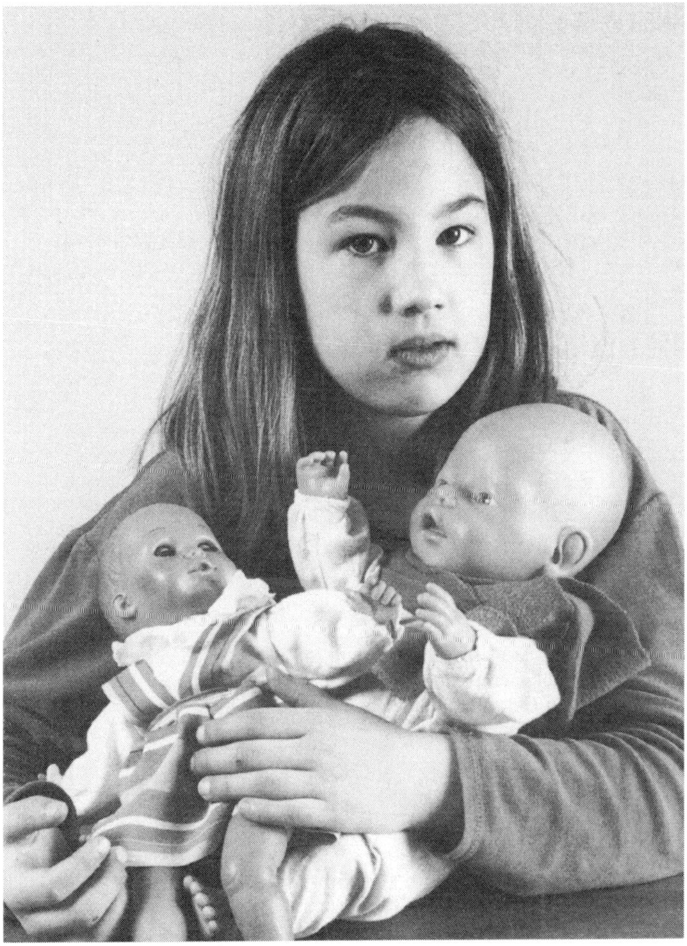

아동의 입 벌린 모습과 인형의 입모양이 눈에 띈다.

잘못된 호흡 형태의 증상은, 예를 들어 숨을 쉴 때에 소리를 내는 모습, 입을 벌리고 있는 모습, 생동감이 없는 모습 등을 통해 듣거나 볼 수 있다. 이러한 변화는 매우 천천히 진행되며, 처음에는 인식하기 어렵다. 잘못된 호흡 기능을 인식하게 될 때는 이미 진행이 많이 된 상태다(77쪽 참조).

자세가 비정상적으로 불균형적인 경우에 그 자세에 따라 호흡 형태가 각각 변화하는 것을 관찰할 수 있다(자세에 관한 부분 참조).

비정상적인 자세와 비효율적 호흡 형태가 어떻게 나타나며, 서로 어떤 영향을 미치는지에 대해 다음에서 몇 가지 예를 들어 설명하고자 한다.

3) 정상적인 자세와 호흡

자세는 균형과 관계가 있다. 사람의 몸은 외부에서 오는 모든 자극에 대해 적절하게 반응할 수 있게끔 유연하게 움직일 수 있게 되어 있다. 서 있는 자세에서도 신체는 지속적으로 움직이는 구조로 되어 있다.

발 근육은 다리를 놓는 위치를 결정하는 기능을 한다. 다리는 골반의 유동적 지주역할을 한다. 머리와 가슴, 골반도 수직으로 서 있을 수 있는 구성 요소다. 골반과 머리 사이에는 24개의 뼈로 된 척추가 있다.

12개의 등뼈(thoracic vertebra)는 각각 1쌍의 갈비뼈와 연결되어 있으며, 흉곽을 형성한다. 올바로 서 있을 때의 신체 중심점은 골반 안쪽의 다섯 번째 요추와 첫 번째 엉치뼈(sacral vertebrae) 사이에 있다. 손발의 움직임에 따라 신체 중심점은 이동을 하며, 이를 중심으로 자세와 관계 있는 기관이 균형을 잡기 위해 움직인다.

움직이지 않고 서 있는 상태에서도 지지역할을 하는 발은 최소한의 형태로 움직인다. 앉아 있을 경우에는 발과 좌골(ischium)이 움직인다. 이러한 현상은 사람 몸의 균형을 항상 새롭게 수정해야 하기 때문이다.

흉곽이 자연스러운 형태로 똑바로 세워지고 척추도 정상적인 형태의 곡선을 유지하는 경우, 각각의 근육은 그 기능을 자연스러운 형태로 실행할 수 있으며, 우리가 '좋은 자세'라고 말하는 형태가 된다.

'좋은 자세'는 항상 움직임을 말한다!

많은 움직임은 아동에게 올바른 자세를 유지하게 하며 자연스러운 발달을 가능케 한다.

몸을 똑바로 세우는 것은 유아기 때부터 사춘기에 이르기까지 여러 단계를 거쳐 발달하게 된다. 몸을 똑바로 세우고 움직이는 것은 근육 발달 상태에 따라 지속적으로 이에 맞게 변화되고 조절된다. 중력에 대해 직립을 하는 초기 단계(생후 약 10개월)에서는 요추 부분이 앞으로 굽은 형태가 눈에 띄게 나타난다. 배는 앞으로 많이 나온 것처럼 보인다. 발달에서 나타나는 약한 배벽 근육과 척추가 심하게 앞으로 굽은 형태로 인해 신체 중심점이 앞으로 많이 이동된다. 시간이 지남에 따라 건강한 아동의 경우 위에 기술한 것과 같이 중심점이 이동한다.

호흡운동은 힘과 저항력이 세밀하게 조절되는 운동이며, 호흡근육(횡격막, 갈비사이근, 가슴근육, 목근육, 목뒤근육, 배근육)과 조직(허파의 조직)의 탄력성, 그리고 중력이 상호 작용함으로써 이루어진다.

호흡을 오케스트라와 비교해 볼 때에 횡격막은 지휘자 역할을 한다. 횡격막이 제 기능을 하지 못하는 경우 호흡에 이상이 나타난다. 이상적인 호흡의 경우 횡격막은 숨을 들이쉴 때에 수축하게 되며, 숨을 내쉴 경우에 이완된다. 또한 새로이 들숨이 시작되기 전에는 횡격막이 휴지상태에서 진동한다.

갈비사이근은 필요한 만큼 흉곽을 확장시켜 주며, 이를 통해 공기교환이 이루어진다. 숨을 들이쉴 때에 공기는 코 안의 통로를 통과하게 되며, 이때에 코가 횡격막을 자극하여 횡격막이 탄력적으로 강하게 움직일 수 있게 한다.

횡격막 운동은 배안 장기의 연동운동을 자극하여 혈액순환을 도와준다. 배근육은 탄력적으로 밖으로 늘어나며 들숨과 날숨에서 호흡 운동을 자유롭게 할 수 있도록 도와준다.

호흡은, 예를 들어 달리기를 한 후와 같이 부담되는 상황에서도 보조호흡근육의 도움으로 바로 정상적인 호흡 상태로 조절될 수 있다. 호흡은 운동의 종류(달리기, 뛰기, 걷기, 들어올리기, 물건 나르기 등)나 자세(누워 있기, 서기, 앉기), 그리고 사람의 의지에 따라 오랜 시간 호흡과 관련된 행동을 특별히 하지 않고도 조절된다. 조정력이 있는 건강한 호흡과정은 매우 가변적이다.

흉곽(옆면)

횡격막(윗면)

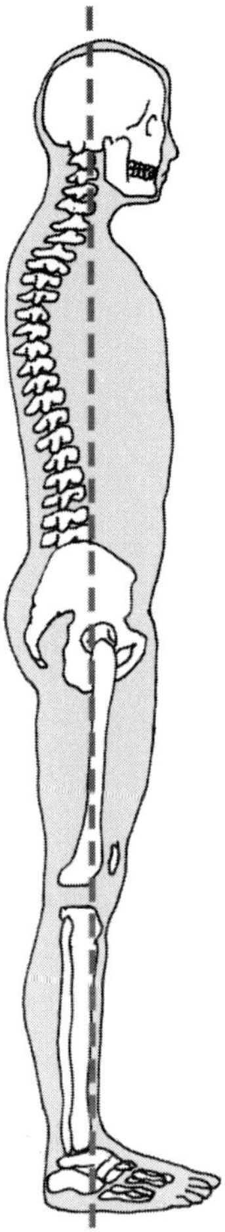

표준자세

4) 편평등 자세(flat-back posture)

(1) 자세

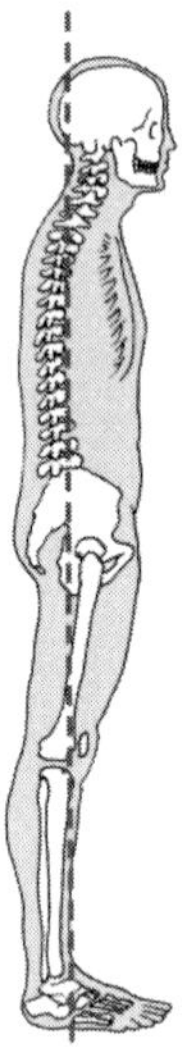

- 척추의 자연스러운 곡선이 축소된다.
- 흉곽이 평평하게 된다.
- 갈비뼈의 상승움직임이 어렵다.
- 중간 갈비뼈활이 함몰한다.
- 배가 안쪽으로 당겨진다.
- 가슴과 배안의 장기가 뒤로 밀린다.
- 무릎이 압박된다.

(2) 호흡

- 숨을 들이쉴 때에 횡격막의 호흡운동이 제한된다.
- 허파가 확장될 수 없다.
- 흉곽이 지속적인 날숨상태를 유지한다.

5) 척추후만 자세(kyphotic posture)

(1) 자세

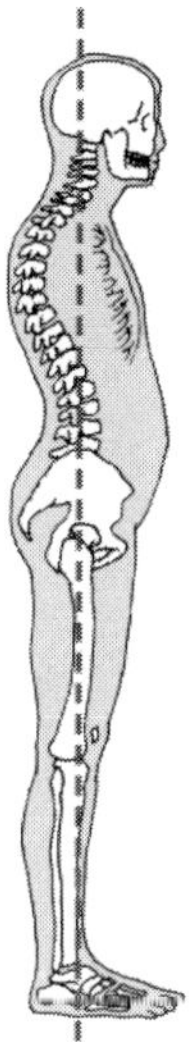

- 어깨가 앞으로 숙여진다(가슴 근육이 수축된다).
- 등뼈가 심하게 굽는다.
- 평상시에 흉곽이 아래로 처져 있다.
- 숨을 들이쉴 때에 복장뼈가 과도하게 움직인다(흉부호흡이나 쇄골호흡).
- 배근육에 힘이 없고 처진다.
- 머리가 앞으로 숙여진다(거북이 목).

(2) 호흡

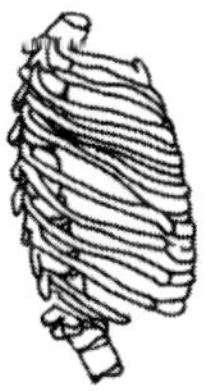

- 호흡운동이 작으며, 호흡이 허파 위쪽에서만 일어난다.
- 힘이 없고 처진 배근육은 횡격막에 충분한 저항력을 주지 못한다.
- 허파의 아랫부분은 거의 작용하지 않는다(공기 교환이 불충분하다).
- 횡격막의 움직임이 제한적이다.

6) 굽은 등 자세(sway-back posture)

(1) 자세

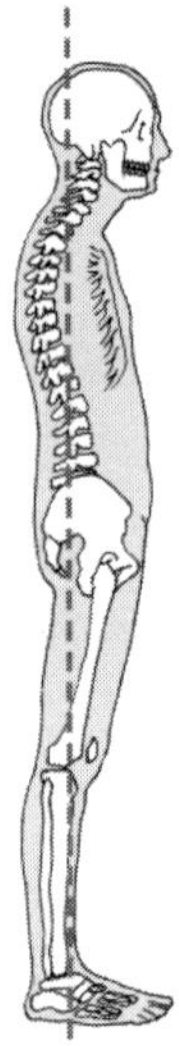

- 요추가 심하게 들어간다(척추앞굽음증[lordosis]).
- 복장뼈에 연결되어 있지 않은 아래쪽 갈비뼈가 안쪽으로 당겨 들어간다.
- 아래쪽 갈비뼈가 날숨 시의 형태로 유지된다.
- 중간 갈비뼈는 앞으로 나온 형태를 보인다(종 모양의 흉곽, 새가슴).
- 콩팥과 같이 뒤쪽에 위치한 배안의 장기가 앞쪽으로 밀린다.
- 배근육이 과도하게 팽창된 상태로 유지된다.
- 골반이 앞쪽으로 기울어진다.

(2) 호흡

- 숨을 쉴 때에 옆구리와 허리 쪽의 움직임이 약하다.
- 늘어진 복근과 긴장된 등의 폄근(extensor muscles)이 횡격막이 뒤쪽과 옆쪽으로 움직이는 것을 방해한다.
- 횡격막의 운동 장애로 인해 흉곽의 위쪽만을 이용한 제한된 호흡이 이루어진다.
- 허파의 아래쪽 부위는 호흡에 거의 사용되지 않는다.
- 숨을 쉴 때에 갈비뼈가 심하게 들려 올라간다.

7) 척추전만 자세(lordotic posture)

(1) 자세

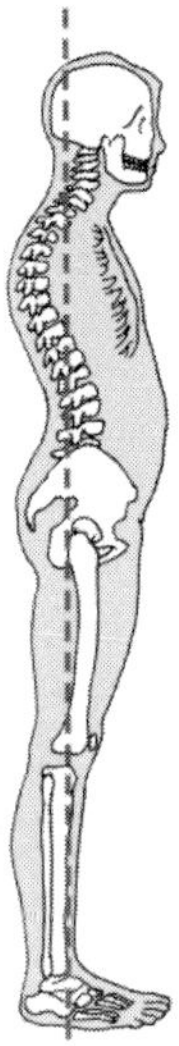

- 등뼈와 요추가 심하게 굽는다.
- 골반이 앞으로 기울어진다.
- 배안의 장기가 앞으로 밀린다.
- 배근육이 과도하게 팽창된 상태로 유지된다.
- 어깨는 앞으로 당겨지며, 가슴근육은 수축된다.
- 머리는 앞으로 숙여진다(거북이 목).

(2) 호흡

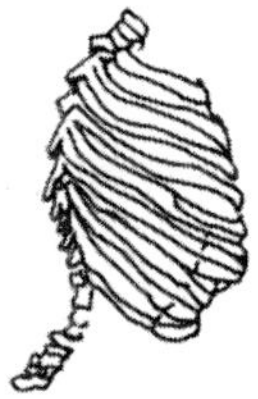

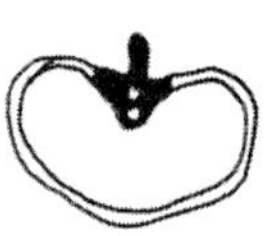

- 처진 복근은 숨을 내쉴 때에 횡격막의 지지대 역할을 하지 못한다.
- 허파가 충분히 확장되지 못한다.
- 허파의 윗부분이 함몰되어 숨을 쉴 때에 장애를 일으킨다.

8) 착석 시 올바른 자세와 호흡

착석 시 근육의 긴장을 유도할 수 있는 올바른 자세는 다음의 조건을 갖춰야 한다.

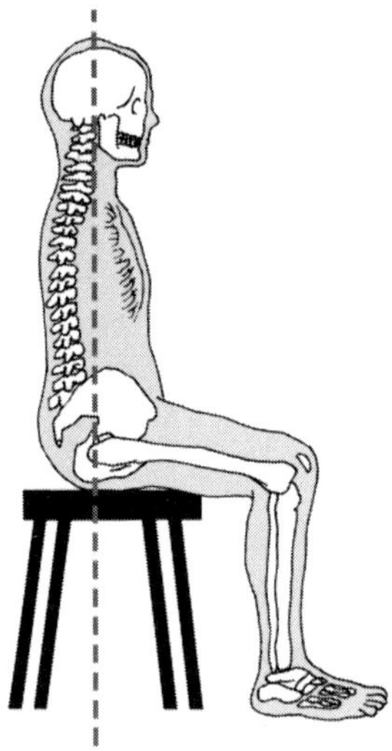

- 호흡이 편안한 상태에서 이루어질 수 있어야 한다.
- 목근육과 배근육은 이완되어야 한다.
- 머리는 똑바로 세워야 한다.
- 발은 바닥에 붙인다.
- 다리는 약간 벌린다.
- 무릎은 엉덩이보다 아래쪽에 놓여야 한다.
- 의자의 상판은 편안한 느낌의 재질로 되어 있어야 한다.
- 앉아 있는 것도 움직임이다.

가장 이상적인 착석자세는 사용되는 가구와 상황의 변화에 따라서 자세가 변하는 것이다.

9) 착석 시 자세와 호흡의 잘못된 성향

초등학생의 경우 일주일에 약 25~30시간 정도 앉아 있다(독일 기준). 여기에 식사를 하거나, 놀이를 하고 텔레비전을 시청하고 숙제를 하는 시간이 더해질 수 있다. 앉아 있는 경우에는 상체를 중력에 대해 똑바로 세워야 하는 노력이 많이 필요하며, 이러한 이유로 종종 비경제적인 착석습관이 나타난다. 착석 시 잘못된 자세는 다음의 문제를 야기한다.

- 척추에 부담이 가중된다(척추뼈몸통[vertebral body]과 척추원반[intervertebral disk]에 비정상적으로 부담이 가중된다).
- 배근육이 처지거나 혹은 짧게 수축된다.
- 엉덩이굽힘근(hip flexors)이 긴장되고 짧게 수축된다.
- 등근육이 과도하게 늘어난다(굽은 등).
- 목근육이 긴장되며, 목뼈가 심하게 굽는다. 과다앞굽음증(hyperlordosis) 혹은 거북이 목을 그 예로 들 수 있다.

10) 몸을 똑바로 세워 앉는 자세에서의 호흡

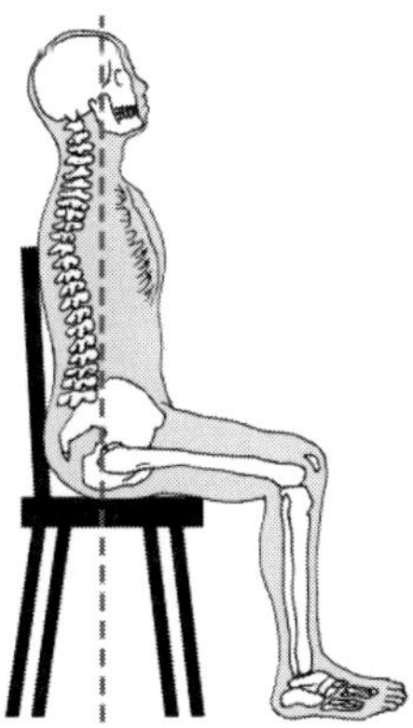

- 배근육과 등근육의 긴장으로 인해서 횡격막 운동이 제한된다.
- 흉부호흡과 배를 압박할 위험이 있다.
- 어깨가 위로 치켜진다.

11) 구부정하게 앉은 자세에서의 호흡

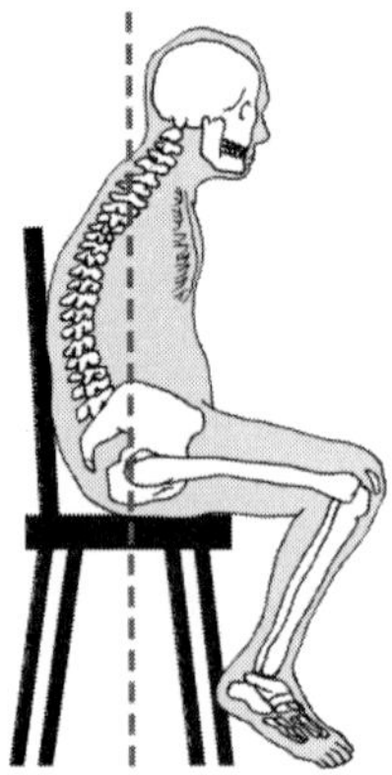

- 늘어진 배근육으로 인해서 횡격막 운동이 약화된다.
- 흉곽이 아래로 내려가서 갈비뼈의 확장이 어려우며, 따라서 신체장기에 산소공급을 하는 데에 어려움이 있다.

12) 호흡과 자세의 상호관계

신경생리학과 심리운동 분야에서 연구된 바에 따르면, 사람의 자세와 운동, 감각은 서로 불가분의 관계에 있다. 즉, 다른 영역을 배제하고 단순히 근육운동만 한다면 올바른 호흡과 자세를 유도하는 데에 어려움이 있다. 단순히 근육훈련을 하기 위해 자세를 똑바로 하거나 의도적으로 깊게 숨을 들이쉬는 것은 단지 일시적인 도움이 될 뿐이다.

활동적인 자세와 탄력 있는 호흡의 기초를 훈련시키기 위해서는 즐거움과 균형 있는 놀이, 놀이의 주기적 변화, 일상생활에서의 적용 등이 치료와 연결되어야 한다. Waibel(1994: 14)이 기술한 바에 따르면, "자세와 운동에 대한 훈련은 항상 즐겁고 동기부여가 될 수 있는 자극이 있어야 하며, 균형감각과 촉감각, 신체인지와 감수성의 향상, 그리고 협응성에 초점을 맞추어야 한다.

이 과정에서 자연적으로 힘이 생기게 된다."

호흡에서도 위와 같은 규칙이 적용된다. 또한 연습의 리드미컬한 진행은 항상 호흡휴지를 가능하게 하며, 이 부분은 호흡에서 반드시 필요한 부분이다. 즐거움이 결코 목적이 아니다. 치료사는 아동의 호흡 상태에 대한 감정이입능력을 갖추어야 한다.

호흡훈련과 자세훈련은 상호 보완적이다.

7. 호흡의 기능

1) 호흡 기능의 도식

다음 도식에 제시된 각각의 들숨 기능과 날숨 기능에 대해 임상에서 나타나는 예를 토대로 다음에서 자세히 설명할 것이다. 이러한 기능은 한편으로는 능동적 행동으로 사용되며, 다른 한편으로는 비유적 의미로 사용된다. 우리는 이러한 사실을 사전적 정의를 통해 알 수 있다. 다음에 소개되는 사전적 정의는 B nting(1996)의 독일어 사전을 인용한 것이다.

2) 들숨의 기능

호흡에 있어서 들숨과정을 주의 깊게 살펴보아야 한다. 공기가 흡입되는 형태는 다양하다. 즉, 냄새를 맡듯이 공기가 들어올 수 있으며, 아니면 공기를 빨

호흡기능

들숨 지향적

코
- 냄새 맡기
- 가볍게 킁킁거리며 냄새 맡기
- 킁킁거리며 냄새 맡기
- 코 훌쩍거리기

입
- 후루룩 빨기
- 빨아 들이기
- 빨아 붙이기

날숨 지향적

코
- 코로 씩씩거리기
- 코로 불기

입
- /호/-불기
- /후/-불기
- 입김 불기
- 말하기
- 노래하기

아들이는 것처럼, 혹은 훌쩍거리듯 들어올 수 있다. 들숨의 강도는 다양한 들숨 기능을 통해 향상된다.

주요 근육인 횡격막은 모든 상황에서 반응하도록 자극되고 활성화되어야 한다. 갈비사이근은 흉곽 아래쪽을 확장시켜 횡격막을 위해 공간을 확보해 준다. 배근육은 긴장을 유지하면서 탄력적으로 밀려남으로써 배안에 횡격막이 움직일 수 있는 공간을 만들어 준다.

이 책에 소개되는 들숨놀이는 들숨근육을 활성화시킨다. 예를 들어, 냄새 맡기나 빨기와 같은 서로 다른 자극은 들숨근육의 유연성과 반응을 향상시킨다.

(1) 냄새 맡기

1 사전적 정의

① 후각자극을 인지한다.

② 냄새를 퍼지게 한다. 냄새를 퍼트린다.

③ i) 그 사람에게서 좋은 냄새가 나지 않는다. 그 사람을 좋아하지 않는다.

ii) 냄새를 맡을 수 없다. 알아차릴 수 없다.

④ 100미터쯤 떨어져 있어도 바람결에 냄새를 맡을 수 있다.

i) 무엇을 예감할 수 있다.

ii) 어떤 냄새를 확실히 안다.

2 기능과 작용

숨을 들이쉴 때의 자극은 대부분 편안한 향이 나는 재료를 통해 이루어지며, 코로 거의 소리 없이 집약적으로 숨을 들이쉴 때에 가능하다. 콧방울이 좁아짐으로써 생리적 협착이 일어나며 들숨근육이 강화된다. 입 다물기는 미세한 후각인지를 향상시킨다

후각저하(hyposmia)와 후각상실(anosmia)과 같은 후각장애는 코곁굴염(sinusitis), 알레르기성 코감기, 독성물질에 의한 후각상피 손상, 바이러스성 감염, 사고 등으로 인한 후각 부위의 손상, 그리고 이비인후과적인 기타 질병에 의해 생길 수 있다.

3 참고

Amoore(Maelicke, 1990: 115에서 재인용)는 대표적인 향(기본 냄새)을 일곱

가지로 분류하고 있다.

① 꽃냄새(장미, 라일락, 재스민, 제비꽃)
② 에테르 향(벤진)
③ 사향(안젤리카 오일)
④ 캠퍼(camphor) 향(소독약)
⑤ 땀 냄새(겨드랑이 땀)
⑥ 썩은 냄새(썩은 달걀)
⑦ 찌르는 듯한 향(식초)

같은 냄새를 장시간 맡는다면, 그 냄새의 강도에 대한 인지가 떨어진다. 냄새 맡기를 일시 중단한 후에 다시 같은 냄새를 맡으면 새롭게 인지하게 된다.

냄새(후각감각)는 동물의 의사소통에서 가장 중요한 역할을 한다. 사람에게서는 이러한 기능이 퇴화되었다. 이 점은 사람의 후각상피가 3~5cm^2 크기로 작은 수용체를 갖고 있다는 것에서 알 수 있다(개의 경우는 사람에 비해 약 5배의 능력이 있다).

그러나 "소리 난 방귀가 냄새 없다." 또는 "가을 전어 굽는 냄새에 집 나간 며느리도 돌아온다."와 같은 표현에서 알 수 있듯이 우리가 아직도 소통에서 코를 암암리에 사용하는 것을 알 수 있다.

향기는 우리가 무엇인가를 하게끔 자극하고 동기부여를 할 수 있다. 빵 굽는 냄새가 좋아 빵을 사는 것을 예로 들 수 있다. 주간지 포커스(1998)에 따르면, "손님이 물건을 사도록 유도하기 위해 점점 많은 기업이 상쾌한 바다 향기와 같은 향을 사용한다. …이러한 현상을 전문가들은 ‘에어 디자인(Air Design)’이라고 말한다.”

가족과 같은 어떤 집단이나 집과 같은 건물 등에서 나는 특유한 냄새는 우리의 기억을 불러일으킨다(‘여기는 고향 냄새가 나.’). 우리가 어떤 장소나 상황 또는 어떤 동물을 냄새와 연결하여 기억하게 되면, 뇌는 냄새를 분류하여 나중에

뇌에서의 후각정보처리

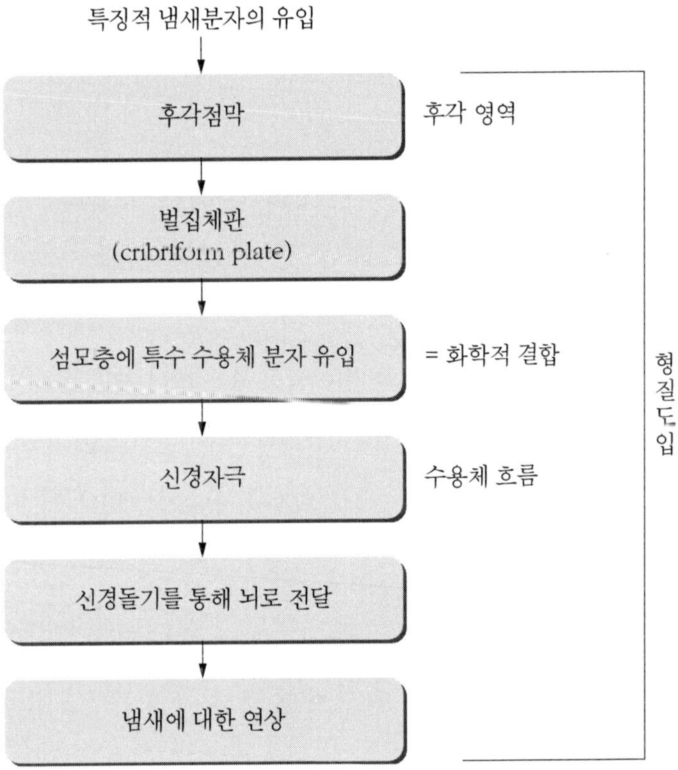

냄새를 통해 기억을 불러낼 수 있다.

후각은 맛을 결정짓는 중요한 역할을 한다. 어떤 사람이 좋아하는 향을 다른 사람은 좋아하지 않을 수도 있다. 향과 맛은 개개인에 따라 그 선호도가 다르다.

다음에서는 냄새분자가 뇌에서 어떻게 작용하는지에 대해 설명하고자 한다. 냄새분자의 화학적 구조의 정보가 전기적 신경신호로 변환하는 과정을 형질도입(transduction)이라고 한다.

(2) 가볍게 킁킁거리며 냄새 맡기

1 사전적 정의

① 냄새를 잘 맡기 위해 짧게 끊어 가며 냄새를 반복적으로 맡는 것

② 특정한 냄새를 맡는 것

2 기능과 작용

'가볍게 킁킁거리며 냄새 맡기'의 경우 숨을 짧게 끊어 가며 들이쉰다. 이를 통해 숨을 깊고 길게 들이쉴 수 있다. 이때에는 들숨 근육 전체가 작용하여 강화된다. 또한 횡격막의 움직임을 또렷이 느낄 수 있으며, 숨소리를 들을 수 있다. '가볍게 킁킁거리며 냄새 맡기'를 통해 선별적으로 특정 냄새를 인지하여 알 수 있고 구분할 수 있다. '가볍게 킁킁거리며 냄새 맡기'는, 예를 들어 지금 냄새를 맡고 있는 것이 필요한지를 결정하는 데에 도움이 되며, 뒤에 설명될 '향이 나는 구슬' 놀이(155쪽 참조)에서 어떤 구슬이 정확한가를 결정하는 데에 도움이 된다.

3 참고

'가볍게 킁킁거리며 냄새 맡기'에서는 콧방울이 움직일 수 있어야만 한다. 콧방울이 움직이지 않는다면, 코 인지훈련을 통해 콧방울의 움직임을 좋게 할 수 있다.

'가볍게 킁킁거리며 냄새 맡기'를 할 때에 발가락과 손가락을 펼치면, 숨을 들이쉬는 데에 도움이 되며 흉곽을 넓히는 데 도움을 준다(예를 들면, 동물이 먹이의 냄새를 맡고 이를 잡으려고 발을 펴는 행동을 흉내 낸다). '가볍게 킁킁거리며 냄새 맡기'를 통한 들숨 연습이 숨을 들이쉴 때에 견대와 흉곽이 당겨 올라가는 흉부호흡이나 쇄골호흡을 유발하는 경우가 있다. 이 경우 다른 놀이로 바꾸어 하거나, 잠시 휴식을 취해야 한다.

(3) 킁킁거리며 냄새 맡기

1 사전적 정의

① 코를 통해 공기나 냄새를 소리 나게 들이쉼

② 환각제나 화학물질의 증기를 들이마심

③ 호기심을 갖고 조사하다. 탐정하다.

2 기능과 작용

'킁킁거리며 냄새 맡기'에서도 숨을 짧게 끊어 가며 들이쉬게 되지만, '가볍게 킁킁거리며 냄새 맡기'에서보다 더 빠르고 목적성이 없으며, 동시에 호기심을 갖고 긴장하면서 주위를 킁킁거리며 냄새를 맡는다. 냄새나 향이 직접적으로 코 주위에 있지 않기 때문에 무엇을 찾는지에 대해서 알지 못한다(159쪽 '코 형사' 놀이 참조). 들숨 근육이 강화되고, 횡격막 근육의 긴장도가 변화한다.

3 참고

'냄새 맡기'와 '가볍게 킁킁거리며 냄새 맡기'의 참고 사항과 동일하므로 참조하기 바란다.

(4) 코 훌쩍거리기

1 사전적 정의

큰 소리로 들릴 수 있도록 공기를 코로 들이마시다(예를 들어, 훌쩍거리며 울 때를 생각할 수 있다).

2 기능과 작용

'코 훌쩍거리기'는 코를 들어 올려 의도적으로 길게 숨을 들이키는 것을 말한다. 일반적으로 코를 청소하는 목적으로 '코 훌쩍거리기'를 한다. '코 훌쩍거리기'를 하는 경우 코가 좁아지기 때문에, 코 입구의 자연적인 협착이 훈련되며, 콧방울의 움직임이 요구된다.

3 참고

코를 청소하기 위해 콧물을 들이마시며 '코 훌쩍거리기'를 하는 것은 휴지에 코를 푸는 것보다 건강하다는 말이 있다. 이러한 생각은 코를 풀 때에 박테리아가 퍼지며, 강한 공기압이 이마굴과 턱굴의 점막을 압박한다는 것에 기인한다.

코 마사지(107쪽 참조)를 통해 콧방울의 움직임을 준비할 수 있다. '코 훌쩍거리기'는 코로 빨기를 하기 위한 준비과정이다. 이때에 흉부호흡이나 쇄골호흡이 발생하지 않도록 주의해야 한다.

(5) 후루룩 빨기

1 사전적 정의

① 소리 내어 마시다.

② 맛을 음미하며 마시다.

③ 음료수 한 모금을 입에 물고 맛을 음미하며 천천히 마시다.

2 기능과 작용

'후루룩 빨기'는 공기 혹은 액체의 양을 조절하면서 조심스럽게 입으로 들이키고 입안에서 맛을 음미하고 삼키게 된다. 입을 작게 벌린 상태에서 공기의 양을 조절해 가며 빨아들인다. 가는 빨대를 입에 물고 천천히 공기를 빨아들이는 모습을 생각해 볼 수 있다. 천천히 숨을 들이마시면 호흡근육이 강화되고, 허파조직은 분화되어 활동을 한다. 입둘레근(orbicularis oris muscle)이 강하게 작용하며, 또한 혀근육의 근긴장성이 증진된다.

3 참고

'후루룩 빨기'를 할 때 목에 힘을 주어 죄면서 하지 않도록 주의를 기울여야 한다. '후루룩 빨기'를 할 때 호기심 많게 맛있고 즐거운 마음으로 무엇을 하는 것을 상상하면서 놀이를 한다면, 인두와 목 부위를 이완시키고 확장시키는 데 도움이 될 수 있다(빨기 참조. 특히 169쪽의 방법론 참조).

(6) 빨아들이기

1 사전적 정의

액체나 공기를 힘 있게 빨아서 들이마시다.

2 기능과 작용

빨기는 입으로 공기를 들이 마시면서 빨아들이는 것이다. 빨고 있는 상태를 유지해야 하며, 그렇지 않을 경우에는 '빨아들이기'가 종료된다. 빠는 힘은 들숨근육의 작용에서 나오며, 특히 횡격막이 강하게 작용하고 지속적인 들숨긴장이 요구된다. 이 긴장을 탄력적으로 확대시키면서 유지해야 한다. 이때에 목 부위가 좁아지는 느낌이 없어야 한다.

또한 빨기는 입으로 액체를 빨아들이는 것이다. 빨대로 음료수를 빨아먹는 것이며, 삼킬 때에는 빠는 과정이 중단된다.

'빨아 들이기'는 '빨아 붙이기'의 들숨 기능을 약간 변형시킨 것이며, 또한 들숨 기능을 위한 준비운동이라고 할 수 있다. '빠는 상태'는 짧게 유지된다. 구강안면 근육 전체가 작용한다.

3 참고

아동이 빨기를 통해 들숨 기능을 익히지 못한다면, 다음과 같은 훈련을 제시할 수 있다.

- /f/의 입모양을 하고 '후루룩 빨기'를 하듯이 숨을 들이쉬게 한다.
- 이 연습이 끝난 후 병뚜껑에 음료수를 조금 넣고 빨대로 병뚜껑 바닥에 밀착시켜 빨기를 시킨다. 빨기는 병뚜껑을 들어 올릴 때까지 지속해서 유지한다.
- '냄새 맡기' 놀이 종류는 빨기를 통한 들숨 기능 습득에 도움이 된다.

빨대로 빨기가 가능하면, 다양한 굵기의 빨대를 이용해 빨기 기능을 강화시킬 수 있다. 빨대가 가늘수록 빠는 데에 힘이 들어가고 빨기가 어렵다. 빨기 기능을 향상시킬 수 있는 다른 방법으로는 빠는 재료를 다양하게 제공하는 것이다. 예를 들어, 빨대로 요구르트를 빨아 먹는 것보다 물을 빨아 먹는 것이 더 쉽다(172쪽의 놀이 '실 빨아들이기' 참조).

언어치료에서 사용되는 자료(예를 들어, Padovan[1976]이 소개하는 치열교정학적으로 설계된 젖꼭지 등)를 위에 제시된 방법으로 사용하면 언어치료에 도움이 된다.

(7) 빨아 붙이기

1 사전적 정의

① i) 무엇을 빨아서 잡아당기다.

ii) 무엇을 갖고 혹은 무엇에 대고 빨기를 시작하다(예를 들면, 포도원 농부가 포도주통에서 포도주 한 모금을 빨다).

② 흡착하다.

2 기능과 작용

'빨아 붙이기'의 들숨 기능은 빨아들이는 자료를 붙여 고정시키는 것을 말한다. 빠는 행위는 지속적으로 유지되어야 한다. 빨기 시 들숨근육, 특히 횡격막이 작용하며, 들숨 긴장이 유지되고, 탄력적으로 긴장이 증가한다. 이때에 목이 좁아지는 느낌이 없어야 한다.

'빨아 붙이기'는 모든 호흡근육의 긴장을 유연하게 유지하고 증가시킬 수 있게 하는 훈련이다.

삼킴근육과 인두근육이 강화되며, 공기의 흡입은 인위적으로 조절된다. 또한, 연구개가 강화되어 운동성이 향상된다. 볼근이 강화되며, 혀의 긴장성에도 긍정적인 영향을 미친다.

3 참고

일반적으로 불기나 다른 날숨 기능이 빨기를 하기 위한 조건이 된다. 날숨 기능은 횡격막을 이완시키며, 이로써 빨기를 하기 위한 강한 힘이 증가된다. 횡격막이 충분히 이완되지 않은 상태에서 집중적으로 빨기를 하게 되면 과호흡이 나타날 수 있다. 따라서 불기나 다른 놀이와 섞어서 진행하는 것이 필요하다.

많은 아동에게서 목 긴장이 나타나는 경우가 있으므로 놀이 진행 시 아동의 목 부위에 주의를 기울여야 한다. 들숨 통로는 열려 있어야 한다. 어떤 사물을 편안하게 '빨아 붙이기'를 하다가 아동이 눈을 크게 뜨거나 놀라는 듯한 시선

등을 보이면, 이는 아동이 도움을 요청하는 것일 수 있다(목이 조이는 현상에 대해서는 57쪽 '후루룩 빨기' 참조).

'빨아들이기'와 '빨아 붙이기'를 습득한 아동에게서는 외적으로 긴장을 거의 찾아볼 수 없다.

3) 날숨의 기능

날숨 기능에서는 공기가 어떻게 나오는지 주의 깊게 관찰해야 한다. 예를 들어 공기를 불듯이, 입김을 불듯이, 아니면 숨을 헐떡이듯이 나오는지 날숨과정을 자세히 관찰해야 한다.

가장 흔히 사용되는 날숨 기능은 말을 하고 노래를 부르는 것이다. 모든 날숨 기능은 호흡근육을 강화시킨다. 공기는 코나 입으로 흘러나온다. 날숨이 길어지면 자연적인 호흡휴지 이후에 강한 들숨이 이어지고, 들숨에서 형성된 긴장이 탄력적으로 유지된다. 날숨 기능의 다양한 상태(호흡근육은 날숨에서 이완된다)에 상응하여 근육작용이 이루어진다.

이 책에서는 날숨을 특정한 방법으로 향상시킬 수 있는 놀이 방법을 제시하고 있다. 말소리나 혀의 기능, 그리고 발성 기능을 습득하다 보면 전체 근육을 조절하는 능력이 향상된다.

(1) 코로 씩씩거리기

Ⅰ 사전적 정의

① 말과 같은 동물이 소리 내어 코로 공기를 내뿜는 것

② 코를 풀다.

③ 흥분되어 씩씩거리다. 매우 화나서 흥분되다.

2 기능과 작용

'코로 씩씩거리기'를 할 때에는 콧방울이 넓어지고 움직인다. 입은 자연스럽게 다물어지고 입술은 이완된 상태에서 같이 움직인다. 짧게 끊어서 코로 씩씩거리면, 횡격막 근육에 짧은 긴장이 여러 번 이어지게 된다. 들숨에서 작용한 들숨근육에 의해 반작용이 나타난다. 이완된 배근육은 '코로 씩씩거리기'를 할 때 도움이 된다. 배근육은 안쪽으로 움직인다. 배근육이 바깥쪽으로 움직이면 압력이 형성된다. 공기는 빠른 속도로 목을 지나 코를 통해 부드럽게 밖으로 빠져나간다. '코로 씩씩거리기'가 힘들기 때문에 이어지는 들숨은 대체로 강하게 이루어진다.

3 참고

이어지는 들숨의 강도를 충분히 높이기 위해서는 호흡근육이 완전히 이완될 수 있도록 '코로 씩씩거리기'를 너무 자주 반복하거나 너무 빨리 반복해 진행하는 것을 피해야 한다('코로 씩씩거리기'를 3~4회 한 후에는 휴식을 취한다). 근육의 탄력성이 압박(특히 배의 압박)으로 보상되어서는 안 된다.

아동이 날숨 통로를 아직 인식하지 못했거나 힘이 충분하지 못할 경우 '코로 씩씩거리기'를 하지 못할 수 있다. 이 경우에는 호흡근육을 활성화시키고, 그 밖의 기능을 연습하는 것이 좋으며, '/호/-불기' 놀이나 코로 하는 들숨놀이가 도움이 된다.

(2) 코로 불기

1 사전적 정의

코를 풀다.

2 기능과 작용

'코로 불기'는 코로 숨을 짧게 끊어서 내쉬는 것으로 숨을 내쉬는 소리가 들린다. 코를 풀 경우에 이 날숨을 이용해 코와 코곁굴 그리고 이마굴에서 점액을 배출해 낸다. 이때에 배근육을 빠르고 힘차게 당겨야 한다(62쪽 '코로 씩씩거리기' 참조). '코로 불기'나 코로 숨을 내쉬는 것은 코를 푸는 것을 말한다.

3 참고

4세 정도의 아동은 휴지로 코를 풀 수 있어야 한다. 다른 방법으로는 '코 훌쩍거리기'가 있다(56쪽 들숨 기능 '코 훌쩍거리기' 참조).

'코로 불기'의 기능을 연습하려면, 최대한 세 번까지 이어서 힘차게 코로 바람을 내어 코 풀기를 해야 하고, 이후에 호흡근육이 다시 정상적으로 이완될 수 있도록 휴식을 하는 것이 좋다.

아동이 아직 '코로 불기'를 못하면, 호흡근육에 대한 연습이 필요하며, '/호/–불기' 놀이와 코를 이용한 들숨놀이를 하는 것이 좋다.

(3) /호/-불기

1 사전적 정의

/호/ 하고 짧게 숨을 내쉬다.

2 기능과 작용

/호/−불기에서는 입술을 오므린 상태에서 공기가 입으로 짧게 소리를 내면서 나온다. 날숨은 짧게 끊어지며 짧은 시간에 이루어진다. 목은 열려 있어야 된다.

이때에 혀가 골을 만들며, 혀 근육인 혀가로근(lingual transverse muscle)이 활성화된다. 그 밖에 턱근육(턱끝혀근[genioglossus muscle])과 볼근(buccinator muscle)이 강하게 작용한다. 횡격막은 짧고 강하게 긴장을 하며, 이후 호흡휴지를 위해 다시 이완된다. 그러고 나서 소리 없는 들숨이 이어진다. 호흡휴지가 정확히 진행되면 과호흡이 나타나지 않는다. 근육의 긴장은 등 부위가 뒤에서 앞으로 움직이는 것으로 알 수 있다. 배근육은 '코로 불기'와 '코로 씩씩거리기'에서와 같이 강한 활동성을 보이지 않는다. 배근육은 /호/−불기에 필요한 만큼 횡격막에 대한 지지역할을 한다. 이때에 배를 누르는 현상이 나타나서는 안 된다. 날숨과정이 /호/−불기에서보나 길게 형성되면, 날숨 기능은 '/후/−불기'로 넘어가게 된다(68쪽 '/후/−불기' 참조).

3 참고

모든 놀이와 연습에서 공기가 코나 입으로 충분히 보충되는지를 관찰해야 한다. 입으로 소리 나게 숨을 깊게 들이마시는 경우 항상 흉부호흡이나 쇄골호흡이 되며, 과호흡이 될 위험이 높다. 이 경우에 호흡휴지가 도움이 되며, 놀이를 바꾸거나 치료사의 지시에 따라 호흡휴지를 유도할 수 있다.

임상에서 많은 아동이 /호/−불기를 못하는 경우를 경험하게 된다. 촛불을 불어 끄는 것과 같은 단순한 과제를 수행하지 못하고 실패 경험을 하는 경우가 많다. 스파클 양초를 이용해 촛불 끄기 연습을 하면, 아동이 흥미를 갖게 될 수 있다. 스파클 양초가 꺼졌다가 불이 계속 붙는 마술과 같은 것이라고 아동이 인식을 하게 되면, 쉽게 흥미를 잃어버리지 않는다.

불기 시 공기가 나오는 형태를 만드는 여러 가지 방법이 있다.

- 모음 /오/와 같이 입술을 동그랗게 함으로써 입술 형태를 만들 수 있다.
- 빨대를 이용하면 입술 형태를 쉽게 만들 수 있으며, 공기의 흐름도 좋아진다.

/호/-불기 놀이에서 목표물을 향해 불기: 호두 껍데기 경주

■ 지름이 다른 여러 가지의 빨대와 두루마리 화장지 내지와 같은 종이 관을 이용하면 도움이 된다.

/호/-불기 놀이에서는 침이 많이 나올 수 있으므로, 자료를 코팅해서 사용하거나, 입 다물기 훈련을 병행한다. 입술근육의 활성화를 도모할 경우 빨대를 이용한 놀이로 시작하는 것으로도 충분하다.

/호/-불기에는 다음과 같이 다양한 형태가 있다.

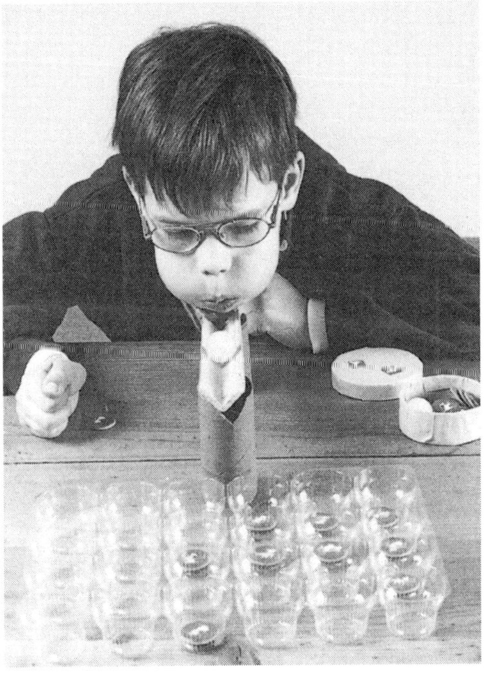

/호/-불기 놀이를 하는 아동: 경사면

■ /호/ 하고 촛불 불어 끄기: 숨을 목표물에 맞춰 빠르고 짧게 끊어서 내쉬면, 촛불이 꺼진다(위의 '스파클 양초 불어 끄기' 참조).

■ /호/ 하고 불어 날리기: 숨을 목표물에 맞춰 짧게 끊어서 내쉬면, 목표물이 날아가거나 굴러가는 등 움직인다(216쪽 '경사면' 놀이 참조).

■ /호/ 하고 불어 뒤집기: 숨을 목표물에 맞춰 빠르게 내쉬면, 목표물이 순간적으로 뒤집어진다(카드 집을 불어 넘어트리는 놀이를 할 수 있다).

■ /호/ 하고 호흡 조절하여 불기: 숨을 목표물에 맞춰 짧게 끊어가며 내쉬면, 공기 흐름을 조절할 수 있다(205쪽 '사자사냥' 놀이 참조).

(4) /후/-불기

[1] 사전적 정의

① 사물 안이나 위에 입을 대고 공기를 불다.

② 관악기를 연주하다.

③ 바람이 세게 불다.

[2] 기능과 작용

/후/–불기는 관악기를 불때와 같이 인위적으로 공기의 양을 조절하면서 부는 것을 말한다. 횡격막은 천천히 위로 올라간다. 즉, 갈비사이근과 허파조직은 공기를 내보내면서 이완되고, 탄력적으로 저항할 수 있어야 한다. 배는 눌려져서는 안 되며, 이완상태여야 한다.

모든 /후/–불기 놀이에서는 공기가 혀의 중앙을 통해 나와야 하며, 입술은 동그란 모양으로 좁게 형성되어야 한다(빨대를 사용하지 않고 /후/–불기).

이때에 혀는 넓은 골을 형성하며, 마치 /ㅅ/ 발음을 할 때와 같이 혀의 중앙을 통해 공기가 나온다. 혀는 앞니 위쪽이나 아래쪽에 이완된 상태로 놓여 있다.

3 참고

호흡이 조절된 /후/-불기의 한 예로 코끼리 코를 들 수 있다. 코끼리 코가 천천히 펴져 끝에서 소리가 나도록 바람을 불며, 이 경우에 /후/-불기는 날숨이 목표에 다다를 때까지 천천히 지속된다.

/후/-불기와 반대로 /호/-불기에서는 날숨이 짧고 힘차게 내뿜어진다. 여러 번에 걸쳐 /호/-불기를 할 경우, 코끼리 코 소리가 잘 나지 않고, 빠르게 잠깐 소리가 나며, 호흡이 짧기 때문에 코끼리 코가 잘 펴지지 않는다.

/후/-불기에는 다음과 같이 다양한 형태가 있다.

- /후/ 하고 촛불 불어 끄기: 목표물에 맞춰 천천히 길게 숨을 내쉬면, 촛불이 흔들리며 꺼진다.

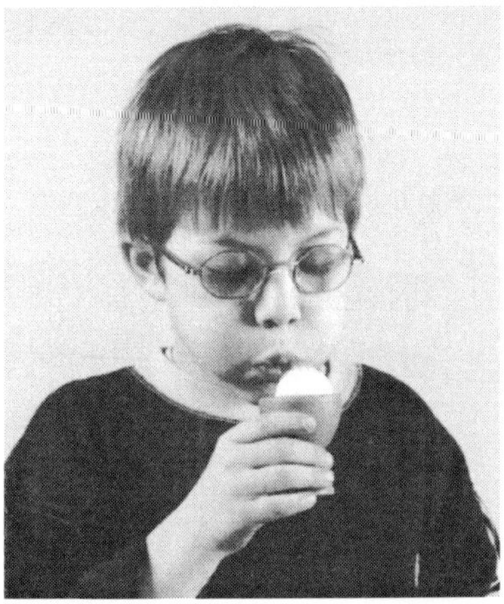

- /후/ 하고 호흡 조절하여 불기: 관악기를 부는 것을 예로 들 수 있다. 공기는 악기 종류와 멜로디에 따라 조절되어 나간다. 악기와 음 높이에 따라 공기 흐름이 다르게 조절된다.
- /후/ 하고 공기 불어 넣기: 이 경우에는 일반적으로 호흡 힘이 많이 필요하다. 호흡근육은 강한 날숨 상태

에서도 공기를 조절할 수 있게 작용해야 한다. 또한 공기가 멀리까지 전달되고 풍선을 불 때와 같이 공기가 다시 입으로 들어오지 못하도록 호흡근육은 압박 없이 긴장을 유지해야 한다. 이 경우에 종종 '/호/-불기'란 용어를 잘못 사용하기도 한다.

- /후/ 불어 날리기: 공기는 목표물과 주어진 과제에 상응하게 지속적으로 조절되어 날숨을 통해 유지되어 나가며, 목표물을 의도에 따라 움직일 수 있다(226쪽 '케이블카' 놀이 참조).

(5) 입김 불기

1 사전적 정의

① 인지하기 어려운 냄새

② 그리 강하지 않은 공기의 움직임

③ 어떤 것의 매우 작은 부분

④ 호흡

2 기능과 작용

/ㅎ/와 같은 '입김 불기'에서는 공기가 천천히 나가며, 소리가 들리지 않는다. 입은 크게 벌리고 혀는 편평하게 입안 바닥에 놓여 있어야 한다. 또한 공기 통로인 목은 막힘이 없어야 한다. 공기를 천천히 내쉴 경우 날숨근육은 긴장이 약해진다. '입김 불기'는 강한 날숨 기능과는 반대로 공기가 부드럽게 움직인다.

3 참고

입에 손을 갖다 대고 입김을 불면 자신의 호흡 온도를 느낄 수 있으며, 입 앞에 거울을 갖다 대고 입김을 불면 호흡을 볼 수 있다.

'입김 불기'는 다른 놀이를 시작하기 전에 준비과정으로 연습할 수 있을 뿐만 아니라, 예를 들어 빨기 놀이나 /호/-불기 놀이를 한 후에 근육을 이완시키기 위해 할 수도 있다.

(6) 말하기

1 사전적 정의

① 언어체계를 사용하여 다른 사람에게 생각이나 감정 등을 전달하다. 무엇을 낱말로 말하다.

② 우리는 아직 말하고 있는 중이다.

③ 무엇에 대해서, 혹은 누구에 대해서 말하다.

④ 무엇에 대해서, 혹은 누구에 대해서 나쁘게 말하다.

2 기능과 작용

말은 우리의 가장 중요한 의사소통 수단이다. 말은 호흡과 조음, 음성, 그리고 전달하고자 하는 내용과 발화의지가 상호 작용하는 가운데 이루어진다.

구강에서는 조음되는 말소리의 속도에 맞춰 해당 근육(입술, 혀, 볼, 연구개, 성대 등)의 긴장이 지속적으로 빠르게 변한다. 날숨은 말소리에 맞춰 다양하게 조절되며, 이를 위해서는 호흡근육이 유연하게 반응할 수 있어야 한다. 호흡 조절은 앞서 언급한 날숨 기능보다 섬세하고 차별적으로 조절되어 움직이게 된다.

조음방식과 발화의지는 호흡운동의 연속성에 영향을 미친다. 혀의 움직임이 약할 경우, 몇몇 발음은 조음되기 어려우며, 잘못 발음되고, 연속음 산출에 어려움을 보일 수 있다. 따라서 호흡근육도 불충분하게 사용된다.

요즈음에는 드물지만, 너무 과장되게 조음하는 경우 공기 흐름이 강하게 저지될 수 있으며, 호흡근육도 충분히 움직이지 못할 수 있다. 이 경우에는 호흡휴지와 호흡근육의 이완과 긴장이 장애를 받게 된다.

조음을 할 때에는 호흡근육이 같이 작용을 하며, 호흡근육과 조음은 상호 보완적이다. 예를 들어 /f/와 같은 자음이 이상적으로 조음될 때에는 공기가 /후/–불기와 유사하게 천천히 흘러나가며, 호흡근육이 이에 필요한 탄력적 지지를 형성한다. 조음이 이상적으로 이루어진다면, 호흡근육은 조음과정에서 자연적으로 발달한다.

3 참고

말을 할 때에 호흡 기능이 정상적으로 이루어지도록 놀이를 통해 연습하는 데에 호흡놀이의 의미가 있다. 각 치료회기마다 한두 개의 놀이를 일반적인 치료형식으로 실시할 수 있다.

(7) 허밍 하기

1 사전적 정의

① 입속으로 일정한 톤을 유지한 채 약하게 소리를 내다.

② 가사 없이 불분명한 발음으로 멜로디를 따라 노래를 부르다.

2 기능과 작용

허밍 하기의 경우 숨은 코를 통해 나가며, 입술은 /ㅁ/ 발음을 할 때와 같이 가볍게 다문다. 공기는 섬세하게 조절되어 흘러나간다.

인접한 코곁굴과 이마굴이 같이 진동을 한다. 허밍 하기에서는 들숨 시에 이루어진 갈비사이근과 횡격막, 그리고 허파조직의 근육이 날숨을 위해 섬세하게 조절되면서 움직여야 한다.

3 참고

입술을 가볍게 다물고(입술을 눌러 닫지 않는다) 진동을 입술부위에서 의식적으로 느낄 수 있게 한다.

허밍 하기는 가볍게 실행되어야 하며, 눌리는 소리가 들려서는 안 된다. 허밍 사이에 일어나는 호흡휴지는 호흡근육이 부드럽게 새로운 긴장을 형성할 수 있도록 균형을 이루며 작용한다.

(8) 노래하기

1 사전적 정의

① i) 텍스트가 있는 멜로디를 소리로 내다. - 노래를 부르다.

ii) (문학적으로) 시를 낭송하다.

② 범죄행위를 폭로하다.

2 기능과 작용

노래하기는 말소리에 따라 코나 입으로 소리를 내는 날숨으로, 이를 통해 내용을 전달한다. 멜로디는 해당 문화권의 정서를 추가적으로 전달하며, 음색은 노래 부르는 사람의 감정세계와 곡에 대한 해석을 전달한다.

노래를 부를 때에는 성대가 지속적으로 움직이기 때문에 날숨이 저항을 받는다. 갈비사이근육과 허파조직의 탄력적인 이완과 횡격막의 점차적인 긴장 완화는 공기의 흐름이 너무 빨리 그리고 너무 강하게 성대로 흘러들어 가는 것을 방지한다. 특히 허파조직은 다른 날숨 기능과 달리 극도로 탄력적으로 이완되어야 한다.

3 참고

즉흥연주와 같이 정해진 멜로디가 없이 노래를 부르는 것은 아동에게 음악적 자질과 관계없이 노래를 부를 수 있도록 해 준다. 아동이 부르는 모든 노래는 올바르며, 틀린 음은 없다. 이로써 자신의 감정을 노래를 통해 자유로이 표현할 수 있다. 텔레비전이나 라디오 같은 것이 이러한 표현 가능성을 방해해서는 안 된다.

일정한 형태가 반복되는 알려진 노래를 통해 아동은 형식과 휴지, 리듬을 익힐 수 있다. 호흡휴지는 노래를 통해 유도할 수 있으며, 또한 스스로 노래 속에서 만들어 낼 수도 있다.

02 호흡장애로서의 구강호흡

1. 구강호흡의 생리학적 원인과 습관적 원인
2. 만성적인 구강호흡의 문제

구강호흡은 호흡공기의 통로를 기술하는 것으로 지속적으로 입을 벌린 상태에서 숨을 들이마시고 내쉼을 의미한다. 그 때문에 콧길(nasal meatus)은 거의 사용되지 않는다.

아동이 입을 벌리고 있는 경우 유심히 살펴보아야 할 것은 입이다. 입을 항상 벌리고 있으며, 입을 벌리는 정도는 아동에 따라 다를 수 있다. 혀는 입안 아래쪽에 힘없이 놓여 있거나 양 치아 사이에 나와 있으며, 아래턱은 처져 있다. 말을 할 때, 음식을 씹을 때나 삼킬 때에 나타나는 혀의 비정상적인 움직임은 평상시 잘못된 혀의 위치에서 기인된다. 구강호흡과 입을 벌리고 있는 상태는 매우 자주 동반되어 나타나는 행동이다.

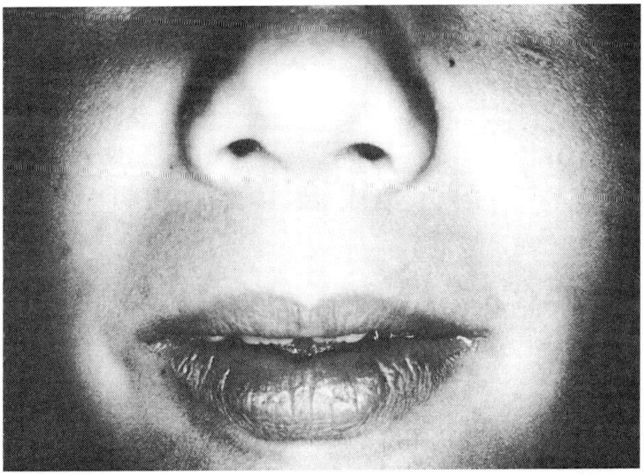

부은 듯한 볼, 코의 움직임이 제한적임, 움직이지 않는 윗입술,
불완전한 입 다물기, 평상시 치아 사이에 놓여 있는 혀

부은 듯한 볼, 좁은 콧구멍, 처진 아래턱, 밋밋한 입술 구조,
입술의 기능 약화, 구강안면 근긴장도의 약화, 치아틈(diastema)

위 사진은 개선이 어려운 만성적 구강호흡의 모습을 보여 준다. 많은 사람이 위와 같은 상황을 심각한 장애로 인식하지 못하고 있다.

1. 구강호흡의 생리학적 원인과 습관적 원인

구강호흡의 생리학적 원인으로는 다음과 같은 것이 있다.

- 태아 발육 기간 동안의 산소 결핍
- 조산과 출생 시 몸무게가 1,500g 이하의 저체중인 경우
- 뇌 외상과 같은 유아기의 사고

비강호흡 장애로 인해서도 구강호흡이 생길 수 있으며, 다음의 경우 비강호흡장애가 나타날 수 있다.

- 코중격의 위축(코중격의 뒤틀림)
- 좁은 콧구멍
- 알레르기성 코점막염
- 편도선 과형성(인두편도선 비대)
- 폴립(림프조직의 혹)
- 턱의 기형(부정교합과 같은 치아 문제)
- 높고 좁은 입천장

구강호흡을 불러일으키는 습관으로는 다음과 같은 것이 있다.

- 젖병을 빨 때 결여된 운동자극
- 너무 부드러운 음식물(거의 씹지 않음)
- 끼는 옷(특히 허리를 꽉 조이는 경우)
- 혀의 기능적 결함(잘못 학습된 삼킴 과정)
- 빠는 습관(고무젖꼭지, 손가락, 이불 단, 연필, 장난감과 같은 물건 빨기와 손톱, 입술, 혀, 볼 깨물기)
- 대기 오염
- 잘못된 자세

다음에서는 구강호흡이 우리 몸에 미치는 영향을 도표를 통해 소개하고자 한다. 구강호흡은 신체 전반에 걸쳐 영향을 미칠 수 있으며, 또는 구강에만 제한적으로 영향을 미칠 수도 있다. 구강호흡이 영향을 미치는 신체 부위에 따라 도표를 요약하여 작성하였으며, 그 내용을 텍스트에서 자세히 설명하고자 한다.

도표에서는 구강호흡과 관련되어 나타날 수 있는 문제점을 제시하고 있으므로 부모교육 자료로 활용할 수도 있다. 우리 몸의 일부에 문제가 있다고 할지라도 전체를 보고 그 맥락 속에서 문제를 이해해야만 한다.

1) 구강호흡이 신체 전반에 미치는 영향

호흡근육을 불충분하게 사용하면 호흡근육 발달이 정상적으로 이루어지지 않으며, 이는 비정상적인 자세를 불러일으킬 수 있다. 호흡근육에 의해 지지를 받는 척추는 비정상적인 형태로 변할 수 있다. 이는 가슴척추(흉추) 부위에서 뿐만 아니라 목뼈(경추) 부위나 요추 부위에서도 나타난다. 만성적으로 구강호흡을 하는 경우 목뼈(경추)는 더 이상 자연스러운 자세를 취하지 못한다 (38쪽에 이상적인 호흡운동과 자세의 상호관계에 대해 기술하였다).

구강호흡을 하는 아동의 얼굴 표정은 퉁퉁 부은 듯한(아데노이드 얼굴[adenoid face]) 인상을 준다. 눈언저리와 부은 듯한 볼은 림프액이 정체되어 있음을 의미한다. 코의 사용이 부족하거나 잘못된 삼킴(병리적 삼킴 과정)에 의해 림프액의 흐름이 충분히 자극되지 못한다. 그 결과 림프액이 정체되고, 이것이 부은 듯한 얼굴로 나타난다. 말은 대개 불명료하고 과대비성으로 들린다.

구강호흡이 신체 전반에 미치는 영향

원인		결과
호흡근육의 잘못된 사용으로 인한 비정상적인 자세	→	척추의 비정상적인 형태
코의 사용 부족과 병리학적인 삼킴 과정으로 인해 림프액의 흐름이 충분히 자극되지 않음	→	얼굴 부위에 림프액 정체(부은 듯한 얼굴)
유스타키오관의 환기 부족으로 인해 중이에 점액 축적	→	청각 기능의 저하
횡격막의 활동성 저하(위와 장을 마사지하는 횡격막 기능 저하) 및 씹기 운동 부족(음식물이 충분히 잘게 부서지지 않음)	→	장운동 부진과 가스찬 배
잘못된 호흡 방식은 말할 때와 노래 부를 때 호흡 부족을 초래하며, 목소리의 기능 저하가 나타남	→	음성 문제
신체에 산소 공급 부족	→	집중력 장애

출처: Struck & Mols(1998).

청각 기능의 저하도 만성적인 구강호흡으로 인해 나타날 수 있다. 유스타키오관(eustachian tube)이라고 불리는 이관(auditory tube)은 보통 생리학적으로 올바른 삼킴 과정을 통해 환기된다. 즉, 매번 삼킬 때마다 삼킴근육이 수축되며, 이 삼킴근육의 수축은 고실(tympanum)을 개방한다. 이때에 고실과 주위 환경 사이의 기압이 조절된다. 뿐만 아니라 이관의 섬모상피(ciliated epithelium)가 코인두강(nasopharynx) 쪽으로 움직이면서 코인두강에서 점액을 배출시킨다. 이 또한 이관의 기능에 속한다. 환기상태가 나빠지면 중이에 점액과

분비물이 축적되고, 결국엔 중이관염이 이관 통풍장애인 중이 카타르(middle ear catarrh)를 초래하여 청각 기능은 심하게 손상되고 언어 발달에 영향을 미칠 수 있다.

횡격막은 호흡과정에서 운동을 하면서 위장을 비롯한 내장을 마사지하며, 이를 통해 내장운동을 촉진시킨다. 구강호흡을 하는 경우 호흡운동 특히 횡격막 운동이 약하며, 따라서 횡격막의 내장 마사지 기능이 저하된다. 그 결과 장운동 부진과 소화불량, 그리고 만성적으로 배에 가스가 찬 증상이 나타난다. 이 증상은 부드러운 음식을 선호하여 씹기를 잘 하지 않아 생길 수도 있다. 음식물을 충분히 잘게 씹지 못하면, 소화기관은 섭취한 음식물을 처리하기 위해서 더 많은 일을 해야 한다.

음성 문제가 나타나는 것은 병리적 호흡의 증상일 수 있다. 성대의 진동 능력은 전체 호흡 근육의 탄력성에 달려 있다. 호흡이 너무 얕으면, 자연스러운 발성을 하기에 날숨이 충분하지 못하다. 이러한 호흡부족 현상으로 인해 문장을 끝까지 발화하는 데에 어려움이 있다. 화자는 그 문장을 완성하기 위해서 배를 힘주어 눌러 복근을 과도하게 사용한다. 이때에 성대는 기류를 가능한 한 오래 유지하려고 누르면서 정지하게 된다. 이런 부정적인 태도가 즉각적으로 병리적인 변화를 초래하는 것은 아니다. 그러나 이와 같이 음성을 비경제적으로 계속 사용하는 경우 수년 후에 음성 문제가 생긴다. 특히 말을 많이 사용하는 직업에 종사하는 사람의 경우 음성 사용에 어려움을 보이게 된다.

얕은 호흡은 뇌에 산소 공급의 결핍을 초래하고, 그 결과 집중력과 주의력 장애가 나타난다.

2) 구강호흡이 호흡기에 미치는 영향

호흡은 훈련되어 있지 않으며, 들숨근육과 날숨근육의 움직임도 적다. 들숨 시 주요 호흡근육인 횡격막에 대한 코의 저항이 부족해서 짧고 얕은 호흡이 초래된다. 코의 기능에 장애가 생겨 공기를 들이마실 때 정화 기능(박테리아성)이나 습도 조절 기능, 온도 조절 기능이 되지 않는다. 그 결과 신체는 감염되기 쉽다. 좁아진 코 입구는 코의 운동 자극이 부족함을 의미한다. 코의 기능은 거의 혹은 전혀 사용되지 않는다(사용하지 않으면 퇴화된다).

코점막은 건조해지고, 그러다 보면 코점막이 마르지 않도록 하기 위해 종종

구강호흡이 호흡기에 미치는 영향

얕은 호흡과 불충분한 호흡운동	→	짧은 호흡
횡격막에 대한 코의 저항 부족과 훈련되지 않은 호흡으로 날숨이 짧음	→	흉부호흡 내지는 쇄골 호흡
코의 기능 저하: 정화 기능, 온도 조절 기능, 습도 조절 기능, 박테리아 방어가 어려움	→	감염에 대한 저항력 저하로 편도선이 커짐 코점막의 건조 섬모상피의 기능 저하
코의 사용이 충분하지 않아 코의 혈액순환을 위한 운동자극 부족	→	코 입구가 좁아져 있음
위콧길이 사용되지 않음	→	후각 기능의 저하

출처: Struck & Mols(1998).

코에 뿌리는 스프레이를 사용해야 한다. 몸은 코 스프레이의 사용에 익숙해지고, 코점막의 기능이 저하된다.

일반적으로 섬모상피는 어떤 이물질도 몸속으로 들어오지 못하게 하고, 코로 숨을 내쉴 때에 섬모가 한 방향으로, 즉 코 밖으로 움직이도록 도와준다. 그렇기 때문에 코 사용의 부족은 섬모 상피의 기능을 방해할 수 있다.

호흡이 너무 얕아서 위콧길(냄새 맡기)이 사용되지 않는다. 그 결과 후각 기능이 심하게 손상되고, 시간이 경과할수록 차츰 그 기능을 상실하게 된다.

3) 구강호흡이 구강 주위 부위에 미치는 영향

구강안면 근육의 불균형은 삼킴 과정, 씹기 과정 및 조음에 부정적인 영향을 미친다. 치아를 중심으로 바깥쪽과 안쪽으로 근육의 기능 영역을 구분할 수 있다. 치아 바깥쪽 영역을 외적 기능 영역, 치아 안쪽 영역을 내적 기능 영역이라고 말할 수 있다. 이 두 기능 영역은 모두 치아쪽으로 그 힘을 보낸다. 즉, 외적 기능 영역은 안으로 밀고 들어가는 힘이 있으며, 내적 기능 영역은 밖으로 내미는 힘이 있다. 외적 기능 영역에는 표정근(muscles of expression)의 일부인 입둘레근(orbicularis oris muscle)과 씹기근육의 일부인 깨물근(masseter muscle)이 있다. 내적 기능 영역에는 혀뿐만 아니라 혀끝과 혀등에 연결된 근육이 속한다. Tr nkmann(1997: 152)에 따르면, 이 기능 영역에 의해 치열의 형태가 만들어진다. 이 기능 영역은 상호 협력해야 한다. 내적 기능 영역이 외적 기능 영역보다 너무 강하면 구강안면 근육의 균형이 깨진다.

이와 같은 구강안면 부위의 문제는 대부분 근육의 협응운동에도 문제를 보

구강호흡이 구강 주위 부위에 미치는 영향

원인		결과
구강안면 부위의 근기능장애(혀 기능 저하)	→	구강안면 근육의 불균형
근육운동장애(dyskinesia)	→	조음장애
혀 기능 저하로 병리적 삼킴 과정이 나타남	→	치아 사이에 혀가 놓임 입을 벌리고 있음
입술 기능 저하 입을 벌리고 있는 상태	→	입 건조 갈증을 느낌
입을 벌리고 있어 입술이 건조해짐	→	입술에 침을 자주 바름 입술이 틈
구강호흡으로 인해 저항력 저하	→	입술헤르페스와 구강 주위 부위에 습진이 자주 생김

출처: Struck & Mols(1998).

인다. 즉, 혀와 입술 사이의 협응운동이 매우 어렵다. 혀는 치아에 대고 있거나 치아를 밀며, 입술은 저긴장을 보이고 말하는 과정에서 움직임이 약하다. 조음의 명료도는 저하되고, 특히 마찰음과 치조음에서 조음장애가 나타난다.

평상시 혀는 치아 사이에 놓여 있으며, 입을 벌리고 있는 경우 혀의 앞부분을 아랫입술에 힘없이 대고 있는 것을 볼 수 있다(병리적 삼킴, 80쪽 참조).

입을 벌리고 있는 경우 또한 입이 건조해진다. 구강호흡을 하는 아동은 입이 자주 마른다고 호소하며, 입술에 침을 자주 바른다. 특히 추운 계절에 입술은 거칠고 건조하고 갈라 터지기 때문에 립글로스를 찾는 경우가 많다. 갈라 터진 입술 꼬리에 침을 너무 자주 바르며, 그러다 보면 만성적으로 염증이 생겨 입 주위 습진(perioral eczema)이 생길 수 있다.

만성적인 구강호흡으로 인해 저항력이 저하되면 입술헤르페스(herpes febrilis)에 걸릴 확률이 점점 증가하게 된다.

4) 구강호흡이 구강에 미치는 영향

만성적인 구강호흡으로 인해 타액 물질이 변한다. 타액이 산소와 결합하면 타액 물질이 가지고 있는 보호 기능이 더 이상 작용하지 못해 충치에 걸리기 쉽다. 시간이 경과되면 앞니가 변색되는 것을 볼 수 있다(흰 가로줄 무늬를 볼 수 있음). 혀는 입천장과 턱의 형태를 만들어 낼 뿐만 아니라 그 형태를 유지하는 기능도 가지고 있다. 예를 들어, 혀가 아랫입술에 놓여 있는 것과 같은 기능 저하는 입천장과 턱의 기형적 형성을 초래한다. 그 결과 대부분 부정교합이 생긴다.

입 다물기가 되지 않으면, 구강 내에 진공상태를 만들 수 없다. 음식 덩어리(bolus)를 인두 쪽으로 밀어 넣는 자연스러운 삼킴 과정에서는 구강 내 진공상태가 필수적이다. 이때에 혀가 올라가고 혀끝이 앞니유두(incisive papilla)를 누른다. 혀의 가장자리는 경구개의 가장자리를 따라 누른다.

혀 기능 저하로 인한 병리적 삼킴의 경우 위에 열거한 과정 중 어떤 것이라도 손상될 수 있다. 삼킴 시 혀가 앞니유두를 미는 것이 아니라, 앞니 쪽으로 혹은 심지어 앞니 사이 쪽으로 밀게 된다. 이 정도 되면 혀는 말 기관, 씹기 기관, 삼킴 기관으로서의 기능이 손상된 상태로 혀근육, 씹기근육, 입술근육의

구강호흡이 구강에 미치는 영향

원인		결과
타액이 산소와 결합하여 변함 입을 벌리고 있기 때문에 에나멜질 보호가 잘 이루어지지 못함	→	충치 발생 치아 변색
혀 기능 저하 혀의 잘못된 위치로 인해 턱과 입천장 모양을 형성하지 못함 입을 벌리고 있는 상태	→	비정상적인 턱과 치열의 부정교합
혀 기능 저하 병리적 삼킴과 말하기	→	평상시 혀를 치아에 대고 있거나 치아 사이에 둠 (/ㅅ/음 장애)
병리적 삼킴 혀의 운동장애	→	두드러지는 구개 주름
혀가 모양을 만들고 그 모양을 유지하는 힘을 내는 운동을 수행할 수 없음	→	높고 좁은 입천장
입을 벌리고 있는 상태 혀 기능 저하	→	침 과다 분비
구개 편도 비대	→	기도가 좁아짐

출처: Struck & Mols(1998).

협력이 어렵게 된다. 이를 구강안면근육의 불균형이라고 말한다.

또한 구개주름(palatine rugae, 경구개 앞부분에 위치한 점막이 단단하게 응고됨)이 심하게 형성되며 이것도 혀의 기능 저하를 의미한다. 정상적인 삼킴 과정에서는 일반적으로 주름이 평평한 상태다.

높고 좁은 구개도 혀 기능이 저하되었다는 신호다. 혀는 한 위치에 가만히 놓여 있으며, 필요에 따라 혀의 기능을 수행하기 위해 일정한 모양을 만들고 만든 모양을 유지할 수 있는 힘이 없다.

입을 벌리고 있는 상태는 침의 과다분비를 초래하며, 입안의 점막이 건조해진다. 신체는 더 많은 침을 만들어 내고 입이 열려 있기 때문에 침이 옆으로 흘러내린다(침 분비는 입 옆과 아래 부위에 예민한 자극성의 피부를 야기할 수 있음).

인두강에 있는 편도선은 침입하는 박테리아의 바이러스를 방어하려고 쉴 새 없이 일을 하기 때문에 심하게 부어올라 있다. 그 결과 반복해서 편도선에 염증이 생긴다(만성 편도선염). 또한 삼킴 곤란, 목통증과 조음의 명료도 저하가 나타난다.

5) 습관적 구강호흡이 신체 전반에 미치는 영향

우선 옷이 문제가 되는 경우를 살펴보자. 많은 아동이 몸에 너무 꽉 끼는 옷을 입고 있는 것을 임상에서 자주 본다. 특히 허리 부위는, 예를 들면 몸에 너무 꽉 끼는 바지의 허리 부분이나 허리띠로 죄어 있다. 이 때문에 복부 부위를 충분히 이용할 수 없고, 주요 호흡근육인 횡격막이 최적으로 활동할 수 없게 된다. 그 결과 횡격막의 수축이 충분히 이루어지지 못하고, 호흡이 얕고 짧아진다.

음식 섭취 문제는 아주 어린 시절부터 시작된다. 아동이 부드러운 음식을 먹을수록 딱딱한 음식을 씹는 경험은 적어진다. 빵 가장자리를 잘라내서 먹고, 푸딩이나 스파게티를 선호하다 보면 구강의 활동성이 결여된다. 그리고 너무

습관적 구강호흡이 신체 전반에 미치는 영향

원인		영향
꽉 조인 허리: 몸에 너무 꽉 끼는 옷(옷 문제: 유행을 따르는 경향)	→	얕은 호흡 횡격막의 움직임에 제한을 보임
음식 섭취 문제 ■ 연령에 맞지 않는 음식 섭취 ■ 너무 오랜 기간 동안 젖병 빨기 ■ 너무 걸쭉한 음식 섭취 ■ 너무 긴 시간 죽 종류 섭취	→	너무 부드러운 음식 섭취로 구강 활동 결여 (구강의 비활동성)
심각한 대기 오염: 입을 벌리고 있는 상태는 신체 보호에 부정적	→	얕은 호흡 호흡량의 저하
운동 부족 가능성 소형 승용차에 앉아 있기, 부족한 놀이 공간 등	→	운동 부족

출처: Struck & Mols(1998).

오랜 기간 동안 젖병을 이용해 음식을 섭취하거나 혹은 우유병의 고무젖꼭지 구멍이 큰 경우, 너무 걸쭉한 죽 종류도 구강의 비활동성의 원인이 될 수 있다.

특히 대도시의 경우 심각한 대기 오염도 너무 얕은 호흡방식의 원인이 될 수 있다. 너무 많은 유해물질을 들이마시지 않도록 하기 위한 신체 고유의 보호 기능으로 구강호흡이 나타난다. 숨을 짧고 얕게 들이쉬며, 신선한 공기를 마실 때처럼 깊게 들이쉬지는 못한다.

운동이 호흡을 자극하고 호흡이 운동을 자극하는 것은 자연스러운 순환이다. 오늘날 아동에게 제공되는 운동과 운동할 수 있는 환경은 줄어든 상태다. 이것은 대도시에서만의 문제는 아니며 그 정도가 심각한 수준에 이르렀다. 이런 외적인 영향으로 인해 아동은 더 이상 스스로 많이 움직일 필요가 없다는 생각에 사로잡혀 있다. 부모는 시간 압박으로 어린 아동을 자동차로 목적지까지 데려다 준다. 따라서 아동이 소형 자동차 안에서 너무 긴 시간을 보내는 경우가 많다. 아주 어린 시절의 이런 운동 부족이 호흡량의 저하를 초래한다.

6) 비강호흡과 구강호흡의 비교

다음에 제시되는 그림에서 자연스러운 비강호흡과 해로운 구강호흡 사이의 차이를 명확히 알 수 있다. 지금까지 설명한 만성적인 구강호흡의 부작용은 아래 그림에 명확히 나타나 있다. 혀의 상태는 입천장 모양을 발달시키는 데 매우 중요하다. 지속적이고 적절한 혀의 압력이 넓고 둥근 천장을 형성하고, 이

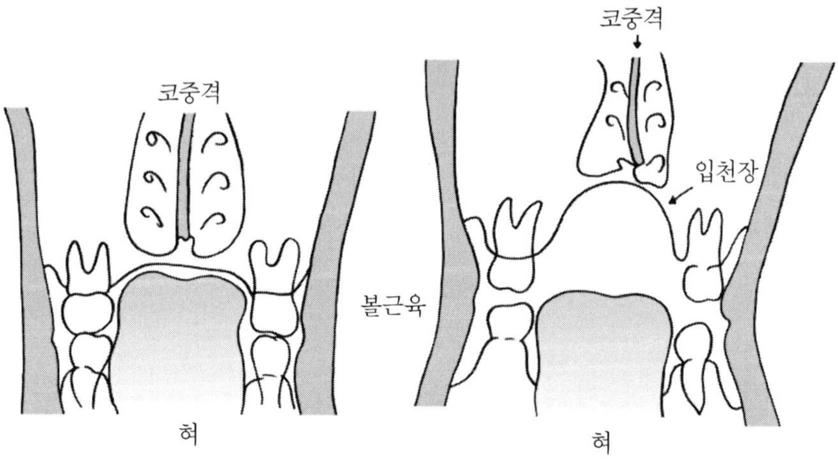

비강호흡과 구강호흡(Schubert, 1990)

로써 위턱과 아래턱 사이의 조화로운 관계가 형성된다.

구강호흡을 하는 아동의 경우 혀가 구강의 위 절반도 채우지 못하고, 혀가 충분한 자리를 차지하지 못해서, 좁고 높은 입천장이 생긴다(수축된 입천장). 코중격은 위로 밀려 올라가고 휘어진다. 음식물을 삼킨 후에도 음식물 찌꺼기가 볼 안쪽에 남아 있다. 음식물을 씹는 동안 일반적으로 음식물을 어금니 사이로 미는 볼근(buccinator muscle)이 활동을 적게 한다.

2. 만성적인 구강호흡의 문제

다음에 제시되는 순환 도표는 구강호흡으로 인해 생긴 문제를 나타내고 있다. 도표는 만성적 구강호흡의 문제를 신체 전반에 걸친 맥락 속에서 더 잘 이해할 수 있도록 도움을 준다. 만성적인 구강호흡의 부정적 영향을 복합적으로 이해할 수 있으며, 부모교육에 아주 유용하게 사용할 수 있다.

1) 아데노이드 얼굴

아데노이드 얼굴(adenoid face)은 특징적인 얼굴 형태를 말하는 것으로 얼굴이 붓고 창백하며, 콧방울은 두툼하고, 아래 눈꺼풀 부분은 물컹하고, 입을 벌리고 있는 것이 특징이다. 구강호흡으로 인해 코에 운동자극이 부족하며(기능을 발휘하지 못하는 기관은 퇴화한다), 따라서 혈액순환도 정상적으로 이루어지지 않는다. 약하고 발달되지 않은 얼굴 부위의 근육으로 인해 림프액이 극

구강호흡과 아데노이드 얼굴

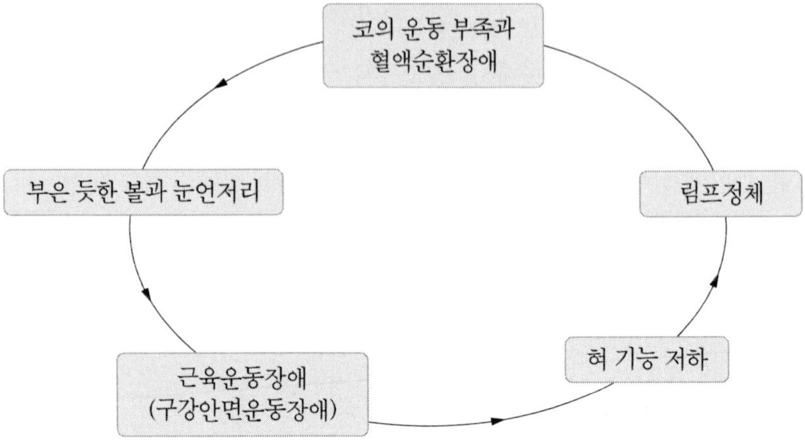

출처: Struck (1998).

소로 역류하는 현상이 나타난다. 그 결과 림프액이 정체되고, 볼은 부어서 뭉쳐있으며, 눈언저리는 창백해 보인다(림프조직 체계의 과제는 배농과 림프액을 수송하는 것이다). 동시에 음식을 삼키고 말을 할 때 또는 숨을 쉴 때 근육운동장애가 나타난다. 입을 벌리고 있는 상태는 또한 조음장애와 부정확한 삼킴 과정을 초래한다. 평상시 혀의 위치가 잘못되는 경우도 나타나며, 이런 상태가 오래 지속되면 턱의 변형이 생기고, 치열에 결정적인 영향을 미친다. 이로 인해 음식을 씹어 잘게 만드는 데 어려움을 보이거나 턱 관절 통증과 같은 다른 문제가 나타난다. 턱 관절이 지속적으로 무리하게 잘못 사용되어 변형될 수도 있다.

2) 입술 기능 저하

좁아진 코 입구(코를 사용하지 않으면 기관이 위축됨)로 인해 지속적으로 입을 벌리고 있게 된다. (구강은 전적으로 호흡을 위한 비상구이자 입구인 동시에 출구다!) 그 결과 메마르고 갈라 터진 건조한 입술이 된다. 특히 추운 계절에는 입술을 자주 핥기까지 한다. 그리고 립글로스와 같은 입술에 바르는 크림을 지속적으로 사용하게 된다. 입이 건조하다 보면 끊임없이 마실 것을 찾게 되고 갈증을 느끼게 된다. 설탕이 함유된 음료수를 마실 경우 위에 설명한 악순환이 더 심해진다.

편도선은 안으로 밀려들어 오는 이물질을 방어하려고 시도하기 때문에 과도하게 기능을 한다. 그 결과 항상 염증이 재발되고(만성 편도선염), 자연스럽게 비강호흡을 하는 경우보다 감염률도 훨씬 더 높다.

구강호흡과 입술 기능 저하

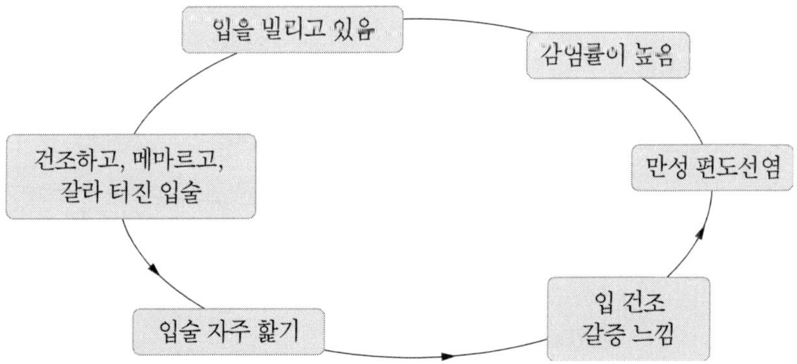

출처: Struck(1998).

3) 코 기능 장애

코 입구가 좁아져 있거나 눈에 띄게 작은 코는 코를 거의 사용하지 않았음을 의미한다. 불완전한 코의 프로파일을 보이고, 코의 중요한 생리학적 기능인 정화 기능, 습도 조절 기능 및 온도 조절 기능이 저하되어 있다. 공기는 코를 통해 분비샘이 많이 분포한 점막을 지나 흘러간다. 상부 기도가 좁아지면 깊은 호흡운동을 한다. 이 모든 것은 만성적인 구강호흡에서는 나타나지 않는다.

후각 기능 또한 제한된다. 들숨 시 공기는 더 이상 후각을 담당하는 점막을 스쳐 지나가지 못하고, 우리 몸은 전혀 혹은 아주 극소의 후각신경 자극을 지니게 된다.

코의 기능 저하로 인해 감염률이 증가한다.

구강호흡과 코 기능 장애

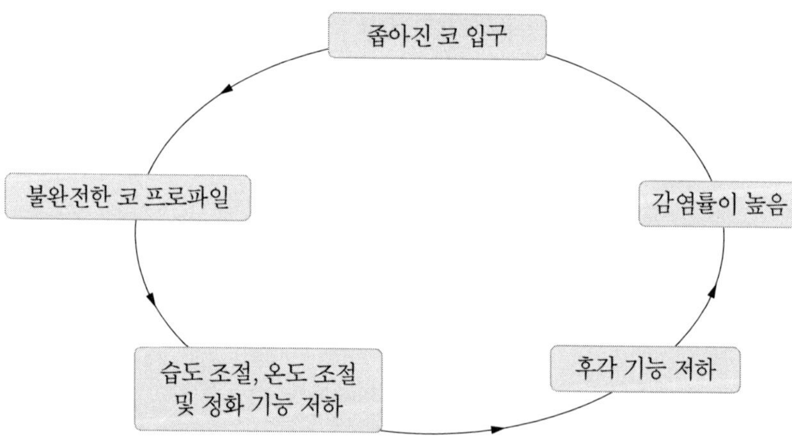

출처: Struck(1998).

4) 청각 기능 저하

유스타키오관(=이관)의 환기가 이루어지지 않아 이관의 기능 장애가 생긴다. 유스타키오관은 중이와 코인두를 연결하며, 항상 고실(고막을 포함한 중이)과 외부 환경 사이의 압력을 조정한다. 이관은 삼킴에 관여하는 근육이 수축되면서 열리고 압력 조정이 이루어진다(예를 들면, 우리가 아주 빠른 속도로 산 아래로 달릴 때 내부와 외부 사이의 기압을 조정하기 위해 우리는 자주 침을 삼켜야 한다). 이관은 섬모로 덮여 있고, 섬모는 코인두의 출구 방향으로 움직인다. 시간이 오래 경과되면 이관은 환기가 되지 않고, 그러면서 중이에 점액이 축적된다. 이것은 중이 혈종(혈액 침출)이나 염증으로 발전될 수 있고, 심한 경우 청각 기능이 저하되거나 심지어 완전히 상실되기도 한다. 아동의 경우 그로 인해 언어 발달 지연이 나타날 수도 있다.

구강호흡과 청각 기능 저하

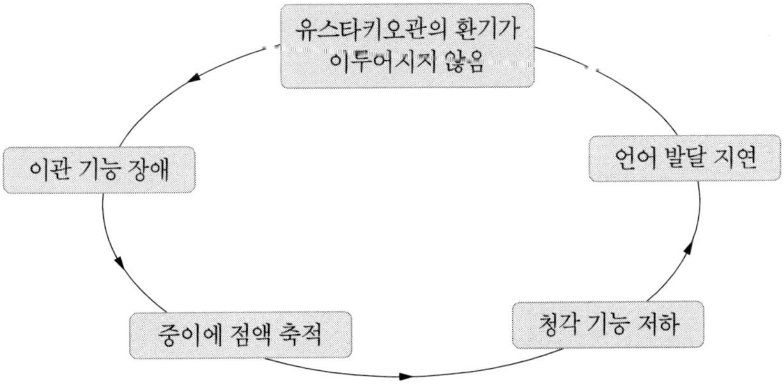

출처: Struck(1998).

5) 구강 근육 기능 장애

구강 근육의 기능 장애는 혀 기능 저하라고도 불린다. 구강안면 근육의 협응운동에 문제가 생기며, 근육 사이의 불균형 상태가 지속적으로 유지된다. 혀 근육, 입술근육, 씹기근육과 삼킴에 관여하는 근육의 상호작용이 잘 이루어지지 않는다. 아주 힘들게 입을 다물기 때문에 입이 경직된다.

평상시 혀의 상태를 관찰하면, 중앙이나 옆 혹은 치아에 대고 (평상시 치아 사이에 혹은 치아에 댄 상태) 있는 경우가 많다. 이런 경우 치아에 지속적으로 압박이 가해져서, 몇 년이 지나면 치아가 흔들릴 수 있고, 너무 이른 시기에 치아를 잃을 수도 있다. 이처럼 혀의 위치가 잘못될 경우, 치조음(/ㄷ, ㅌ, ㄸ, ㄹ, ㄴ/)은 치아목(치경dental neck)에서 조음되지 않고, 치아에서 조음된다. 즉, 조음장

구강호흡과 구강 근육 기능 장애(혀 기능 저하)

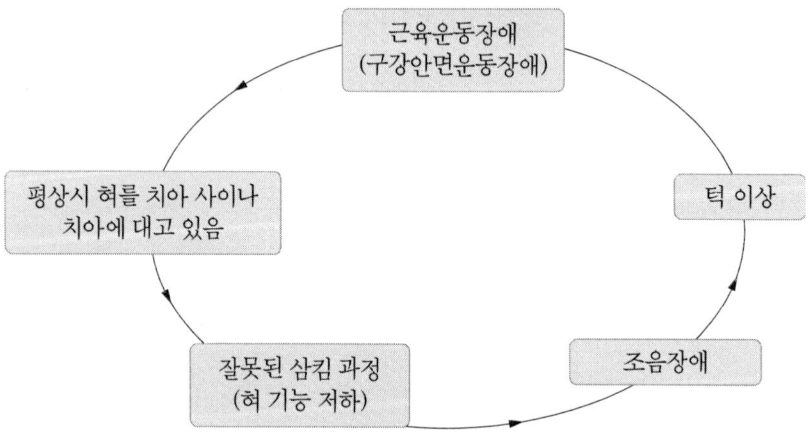

출처: Struck(1998).

애가 나타난다. 이렇게 나타나는 조음장애는 청각적으로 구별될 수 있을 뿐만 아니라 시각적으로도 확인될 수 있다. 잘못 조음된 /ㅅ/-소리 형성(혀짤배기 소리, lisp)은 위에 열거한 과정이 계속 더 진행된 상태에서 나타난 현상일 수 있다.

턱 이상이 생기며, 지속적으로 열려 있는 입으로 인해 교합(위턱과 아래턱의 이틀활[dental arch]이 맞물려 포개져 있는 상태)이 불가능하다. 혀가 앞으로 나와 있고 자기 기능을 수행하지 못한다(혀의 기능 중에 입천장의 형태를 만드는 기능이 있다). 90쪽 그림을 참조하길 바란다.

03 구강호흡 치료

1. 이비인후과에서 실시하는 구강호흡 검사와 치료
2. 언어치료사가 실시하는 검사
3. 비정상적인 호흡과 그 영향
4. 코의 기능과 입 다물기를 활성화시키기 위한 준비 놀이 및 연습

이비인후과 의사가 일차적
원인을 제거한다.

그러나 습관을 제거할 수는 없다!

비강 호흡의 활성화

자연스러운 입 다물기를 요하는
놀이와 연습 실시

지속적인 입 다물기를 유도하는
놀이와 연습 실시

지속적인 입 다물기는 신체적
활동 중에도 이루어진다.

1. 이비인후과에서 실시하는 구강호흡 검사와 치료

1) 이비인후과에서 실시하는 검사

이비인후과에서는 다음과 같은 검사를 한다.

- 청각검사
- 구강과 인두강 검사
- 후두와 이관 검사
- 코 막힘 상태 검사

2) 코 막힘 상태 검사

코 밑에 금속거울을 대고 공기가 코로 나오는 상태를 검사한다. 숨을 내쉴 때에 공기가 금속거울에 부딪치게 되며, 이 상태를 통해 양쪽 콧구멍의 막힘 상태를 대략적으로 추정할 수 있다.

3) 일차적 원인 제거와 만성적 구강호흡의 습관

아데노이드 비대(아동의 경우 인두편도선 비대, 종종 폴립[polyp]이라고 부름)와 같이 구강호흡의 일차적 원인 제거는 인두편도선 제거 수술(수술로 아데노이드 제거)을 통해 이루어진다.

코중격이 구부러진 현상(nasal septum deviation)은 외상으로 인해 나타날 수 있으며, 수술로 치료가 가능하다.

Jones와 Mann(1985)은 폴립을 제거하고 편도선 절제 수술을 하더라도 구강 기능과 안면 기능의 저하는 남는다고 보고하였다. 이것은 다시 말해, 이비인후과 의사는 일차적 원인을 제거하는 것이지 만성적인 구강호흡의 습관을 제거하는 것은 아니라는 우리의 진술을 뒷받침해 준다.

2. 언어치료사가 실시하는 검사

1) 코 막힘 상태 검사

아동에게 물 한 모금을 입에 물고 뛰게 할 경우, 이 과제를 잘 수행하면 코로 숨을 쉰다는 뜻이다. 만약 아동이 이 과제를 수행하는 데에 어려움을 보이며 입에 머금은 물을 뱉어 내면 코로 숨을 쉬는 것이 어렵다는 것을 의미한다. 고감기에 걸렸을 때는 이 검사가 불가능하다. 아동의 코에 작은 깃털이나 솜을 갖다 대는 방법도 있다. 깃털이나 솜이 움직이면 코로 숨을 쉬고 있다는 뜻이다.

2) 입 다물기 검사

아동이 자연스럽게 입을 다물고 있는 상태는 말을 하지 않고 놀 때에 관찰될 수 있다. 이때에 아동이 지속적으로 입을 다물고 있는지 아니면 입술 사이로 혀가 나와 있어 자연스러운 입술 접촉을 방해하는지를 관찰할 수 있다. 이에 대한 정확한 정보를 부모에게서 얻는 것은 의외로 쉽지 않다. 치료사는 아동이 알아차리지 못하게 아동이 입을 벌리고 있는지 혹은 구강호흡을 하는지 관찰해야 한다. 이때에 앞서 서술한 바와 같이 아동이 입술에 자주 침을 바른다거나 혹은 입술의 상태 등 외적인 모습을 염두에 두면 관찰 시 도움이 된다.

3. 비정상적인 호흡과 그 영향

1) 비강호흡의 활성화

이비인후과적 처치를 통해 구강호흡의 일차적 원인이 제거되고 나면, 코의 감각을 향상시키는 훈련이 이어져야 한다. 의식적으로 코를 호흡기관으로 느끼고, 그럼으로써 비강에 대한 느낌을 점차 발전시킬 수 있다. 지금까지 습관적으로 구강호흡을 한 아동의 경우 코를 호흡기관으로 전혀 이용하지 않았으므로(기관은 사용하지 않으면 퇴화한다) 아동의 상태에 따른 개별적인 자극이 필요하다. 이 경우에는 코 마사지와 같은 운동 자극뿐만 아니라 후각 기능을 향상시키는 것도 중요하다. 다음에 제시하는 연습은 코와 그 기능을 새롭게 인식하는 데에 도움이 된다(106쪽 '코의 기능과 입 다물기를 활성화시키기 위한 준비 놀이 및 연습' 참조). 이 책에 열거한 /호/–불기 놀이, /후/–불기 놀이 및 코로 불기 놀이는 빨기 놀이와 마찬가지로 비강호흡을 활성화시킨다.

/호/-불기와 /후/-불기에서와 같이 날숨이 길어지면 호흡휴지 이후에 숨을 깊게 들이쉬게 되며, 이를 통해 호흡이 재생된다. 빨기 놀이는 구강안면 근육뿐만 아니라 호흡근육도 증진시킨다.

2) 자연스러운 입 다물기

언어치료에서 다음 목표는 자연스러운 입 다물기다. 입 다물기를 담당하는 근육인 깨물근(masseter muscle)과 측두근(temporal muscle)을 증진시키는 훈련도 입술 감각 훈련(여기에 해당하는 놀이는 Adams et al. [2002] 참조)과 마찬가지로 자연스러운 입 다물기 훈련에 해당된다. 편안한 입술 접촉을 유도하는 연습과 훈련이 자연스러운 입 다물기를 도와준다. 입술을 편안하게 서로 다문다. 자연스러운 입 다물기는 이완되고 편안한 상태를 말한다. 자연스러운 입 다물기의 주요 원칙은 동적인 연습이다. 지속적인 비강호흡이 이루어지려면 설압자나 실을 입으로 물고 있는 것과 같은 정적인 훈련으로는 부족하다.

두 입술을 가볍게 살며시 포갠다.

3) 지속적인 입 다물기

구강호흡의 습관을 제거하고 자연스러운 비강호흡을 유도하기 위해서는 철

저한 연습과 지구력이 필요하다. 자연스러운 비강호흡은 점차적으로 조금씩 형성되며, 시간이 지남에 따라 비강호흡을 하는 시간이 길어지고 습관화된다. 따라서 연습은 규칙적으로 하는 것이 좋다.

4) 운동 시 지속적인 입 다물기

사람의 몸은 정적인 상태에서보다 활동 시 훨씬 더 많은 산소가 필요하다. 입을 벌리고 있는 경우에는 산소를 빨리 교환할 수 없다. 만성적으로 구강호흡을 할 경우 우리의 몸은 자연스러운 비강호흡 상태에서보다 기능이 저하된다. 구강호흡에서 비강호흡으로 전환할 경우 우선 날숨 과정을 움직이면서 연습해야 한다. 먼저 앉은 상태에서, 그다음 선 상태에서, 걸어가는 상태에서 그리고 마지막으로 계단을 오르면서 입을 다물고 훈련을 하는 것이 좋다. 이런 과정은 나중에 실시할 들숨 훈련에서도 마찬가지로 실시되어야 한다.

4. 코의 기능과 입 다물기를 활성화시키기 위한 준비 놀이 및 연습

1) 코 인지 훈련

다음에서는 호흡기관으로서의 코의 기능을 알게 하는 연습이 열거된다. 이 책에 소개된 코 인지 훈련은 코를 민감하게 만드는 데 도움을 준다. 코 인지 훈

련은 코의 자연스러운 기능을 인지하도록 코를 자극하며, 후각 놀이는 후각 기능을 촉진하고 비강호흡의 활성화에도 도움이 된다.

(1) 코 인지 놀이

코 마사지와 코 인지 놀이는 조직과 근육의 이완을 도와주며, 이를 통해 들숨이 강화되고, 혈액공급과 림프 순환이 활발히 이루어진다. 코를 마사지할 경우 각각의 안면근육 사이의 연결과 협응성이 좋아진다.

(2) 코 마시지 Ⅰ

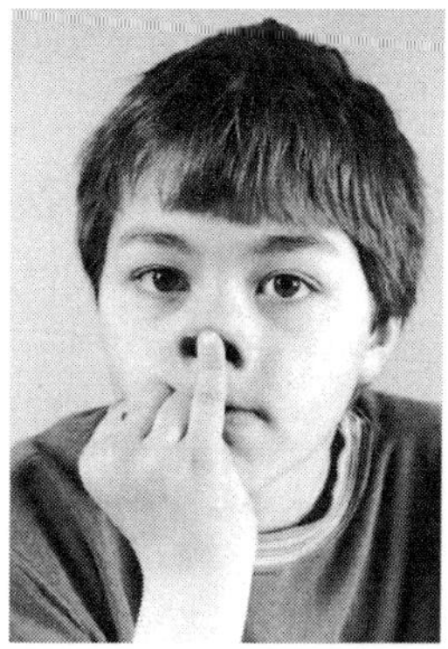

1 코끝을 밀어 올린다.

코끝을 밀어 올린다. 이때 숨을 들이마시라고 아동에게 지시하지 않아도 자동적으로 들숨 자극이 주어진다. 입은 다문 상태다. 이 운동을 여러 번 반복해서 한다.

2 한쪽 콧방울을 눌러 콧구멍을 막고, 다른쪽 콧방울을 손가락으로 두드리며 느낀다.

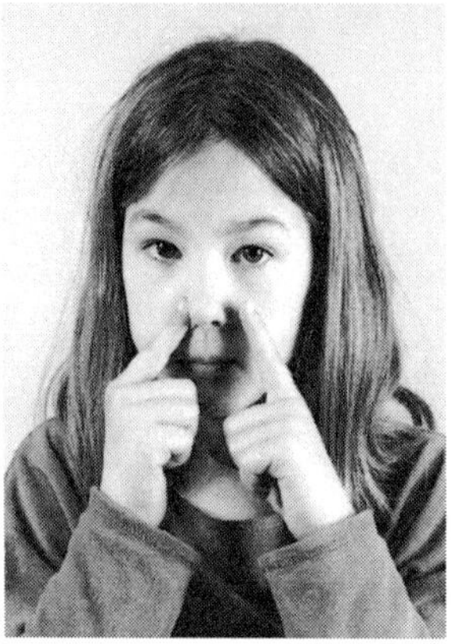

먼저 오른쪽 손가락으로 콧방울을 눌러 오른쪽 콧구멍을 막는다. 왼쪽 손가락으로 콧방울을 가볍게 두드리며 느낀다. 이 방법으로 호흡을 몇 번 반복한다. 이 때 코를 통해 호흡하게 된다. 손가락을 코에서 떼어 낸다. 2개의 콧구멍을 서로 잠시 비교한 후에 똑같은 방법으로 왼쪽도 실시한다. 어느 쪽을 먼저 실시하든 상관은 없다.

3 둘째손가락으로 코 옆 부분을 원을 그리듯이 마사지한다.

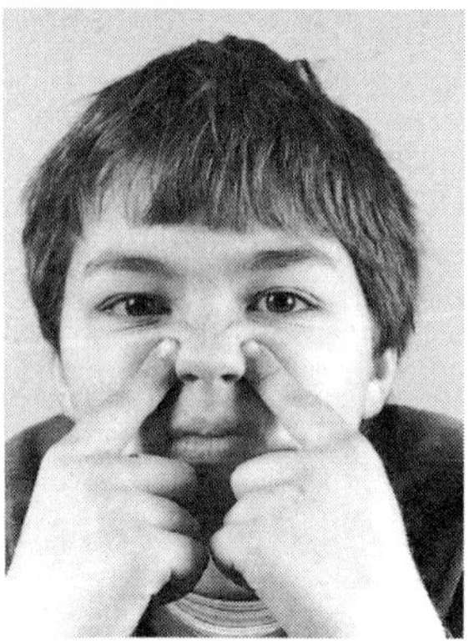

양쪽 둘째손가락을 각각 좌우 콧방울 아랫부분의 옆에 대고 리듬 있게 원을 그리듯이 마사지 한다. 이 동작을 유지하면서 손가락을 천천히 코를 따라 위로 올라가 코뿌리(root of nose) 방향으로 움직인다. 이때 입은 가볍게 다문다.

여기에 열거한 연습은 코가 막히지 않았을 때만 가능하므로 시작하기 전에 먼저 코를 푼다. 코감기를 앓고 있는 아동이 점차 회복 중에 있을 때 자유로운 호흡 감정을 느낄 수 있도록 하기 위해서 이 연습을 보조적으로 할 수 있다. 향이 나는 오일을 코 가까이에 갖다 대는 것도 이와 같은 효과를 얻을 수 있는 또 다른 방법이다.

(3) 코 마사지 Ⅱ

코 마사지는 다음과 같은 방법으로 할 수 있다.

1 두 명의 등산객이 배낭을 꾸린다. 그들은 오늘 높은 산으로 등산을 가려고 한다.

- 둘째손가락과 셋째손가락 끝을 콧방울 아래쪽에 대고 양쪽으로 원을 그리듯이 리듬 있게 마사지한다.
- 리드미컬한 원 운동: 숨을 들이쉬면서 가볍게 누르고, 숨을 내쉬면서 압박을 느슨하게 풀어 주며, 숨을 돌리기 위해 짧은 휴식을 취한 경우 압박을 푼다.

2 1시간 후에 그들은 배가 고파서 잠시 휴식을 취한다. 두 사람은 벌써 상당한 거리까지 온 상태였다.

- 다음에 숨을 들이쉴 때에는 두 손가락으로 콧등을 따라 리듬 있게 원을 그리면서 코뿌리 방향으로 올라간다. 코뿌리에 도착하면 잠시 이 동작을 유지하며 계속 마사지한다.

3 2시간 후에 그들은 산을 타고 올라갔다. 정상에서 그들은 잠시 머무르

면서 주위를 둘러본다.

■ 그러고 나서 다시 숨을 들이쉬면서 손가락으로 리듬 있게 원을 그리며 머리털이 나기 시작하는 부분까지 이마를 따라 올라간다. 이곳에 도착하면 위와 마찬가지로 잠시 머물며 마사지를 계속한다.

4 이제 두 등산객은 하산을 한다. 그때 비가 내리기 시작한다. 내린 비가 불어나서 모든 길이 범람하고 있다.

■ 다음은 측면의 관자놀이를 위에 설명한 동일한 원 동작을 취하면서 마사지한다.

5 결국 두 등산객은 집으로 돌아오는 길에 길이 미끄러워서 미끄러진다.

■ 이 연습은 아래턱을 마사지하면서 종결된다.

■ 이 연습은 치료사와 아동이 같이 한다. 치료사가 마사지를 하면서 이야기를 들려준다.

■ 아동과 치료사 간에 라포 형성이 잘 이루어지면 치료사는 이 연습을 놀이처럼 치료에 적용시킬 수 있다. 이때 이야기를 들려줄 것인지 말 것인지는 치료사가 결정한다.

(4) 썰매 달리기

이야기	마사지 방법
눈보라가 치기 시작한다.	손가락 끝으로 코, 코 주위의 얼굴 부위 및 이마를 두드리며 느낀다.
이제 썰매 달리기가 시작된다. 점프대도 설치되어 있다.	손가락 끝으로 콧등에서부터 오른쪽과 왼쪽으로 각각 콧방울까지 쓸어내린다. 또는 코끝에서 인중을 따라 윗입술까지 쓸어내린다.

(응용: 여름에는 물 미끄럼타기에 관한 이야기를 들려준다.)

(5) 청소

이야기	마사지 방법
나는 내가 가장 좋아하는 장난감을 찾고 있다. 한구석에서 썩는 냄새가 나는 오래된 바나나 껍질을 발견한다. "이~ 썩는 냄새가 나!"	양 둘째손가락 끝으로 콧방울을 문지르며 마사지한다.
나는 빨리 창문을 연다. 아, 더 이상 지독한 냄새는 나지 않아. 그래서 나는 창문을 닫는다. 드디어 내 장난감도 찾았다.	코를 찡그린다. 코를 찡그리는 것이 불가능하면 손가락으로 양쪽 콧방울을 옆으로 당겨 찡그리는 동작을 시도한다. 손가락으로 양쪽 콧방울을 옆으로 쓰다듬으며 마사지한다. 협착(코 협착)이 생겨 바로 다음 들숨 자극이 주어진다.

(6) 동물원에 있는 바다표범

이야기	마사지 방법
나는 공 위에서도 균형을 잡을 수 있는 바다표범이다.	코끝에 종이를 접어서 만든 공을 올려놓고 균형을 잡는다.
때때로 나는 코로 축구도 한다.	책상 위에 골대를 설치해 놓고, 코끝으로 종이 공을 각기 해당하는 골대에 넣는다(종이 색을 달리해서 표시한다).

(7) 누구세요?

이야기	마사지 방법
누군가 문을 두드린다. 나는 "누구세요?"라고 묻는다. 문을 열었지만 아무도 없다! 큰 소리로 불러 보아도 아무런 대답이 없다.	양 손가락 끝으로 양쪽 콧방울을 두드린 후에 콧방울을 옆으로 들어 올린다.

2) 코 인지를 위한 이야기

(1) 지루한 코

준비물: 화장지와 향이 나는 물건(예를 들면, 오렌지 향이 나는 오일)

옛날 옛날에 한 코가 살고 있었다. 그 코는 피곤하고 지루하기도 하였다. 그래서 코는 코 박사에게 갔고, 코 박사는 코에게 "체조 연습만 두세 번 하면 병은 낫겠네."라고 조언을 해 주었다. 코는 행복했고 바로 다음 날 아침 연습을 해 보았다.

- 왼쪽 콧방울은 왼쪽으로 세 번,
- 오른쪽 콧방울은 오른쪽으로 세 번,
- 코끝을 늘리면 끄~읕!

체조 연습 후 코는 정말이지 훨씬 편안함을 느꼈다. 그렇지만 코는 여전히 지루했다. 그때 갑자기 어떤 향기가 찾아와 코에게 놀자고 하였다(화장지를 펴서 가운데를 잡아 꽃처럼 만든다). 그렇지만 코는 바보같이 거기 서 있기만 할 뿐 자욱한 향기 앞에서 아무것도 시작할 수가 없었다. 자욱한 향기는 '다른 향기는 너무 어리석기 때문에 나는 코랑 놀 거야.'라고 생각하고, 향기가 코를 간질이기 시작했다(화장지로 코를 간질인다).

코가 몸을 쭉 뻗으며(코 찌푸리기, 코 움직이기, 만약 동작 수행이 불가능하면 손가락으로 도와줌) 생각하길 "도대체 누구지?" "도대체 네가 원하는 게 뭐니?"라고 물었다. "나는 너랑 놀고 싶어!"라고 향기가 말을 했다.

코는 "나는 너무 지루해."라고 대답했다.

향기는 "그러면 문을 열어!"라고 말을 했다.

"좋아, 그러지."라고 코가 말을 했다(2개의 콧구멍을 순서대로 손가락으로 당겨서 연다).

그렇지만 향기는 실망하며 말을 했다. "내가 그 안으로 들어갈 수가 없잖아. 내가 먼저 마법을 써서 나를 변신시켜야 돼."

탁 치는 소리가 나더니 향기는 날아가 버렸다(화장지에 오렌지 향이 나는 오일을 떨어뜨린다). 잠시 후 향기가 다시 날아왔다.

코가 외치기를, "너 도대체 어디로 날아가니? 너는 전혀 마술을 부리지 않았잖아!"

"천만에!" 라고 향기가 외치면서 다시 코앞을 지나가 버렸다. 그렇게 향기가 코앞을 몇 번 왔다 갔다 했다. 갑자기 코가 외치기를, "아~ 이제야 향기가 무엇을 의미하는지 알겠어! 응~, 오렌지 냄새가 나!"

향기가 대답하기를, "이제야 알겠니? 내가 마법을 써서 나를 변신시켰잖아. 그래서 이제 우리가 함께 오렌지 나라에서 놀 수 있잖아."

그 이후로 코는 더 이상 지루해하지 않았다.

(2) 힘센 코 기사 이야기

판타지 동화는 5세 이상의 아동에게 적합하다.
이야기를 들려주기 전에 구강과 코를 살펴보는 것이 좋다.

라스는 다시 코감기에 걸려 모든 것이 작게 들리고 아주 답답했다. 라스는 머리가 매우 무거웠다. 그는 소파에 앉아서 꿈을 꾸었다.

"옛날 옛날에 아름다운 성이 있었어요. 그 성은 라스 왕의 것이었어요. 그는

밤낮으로 자지 않고 자기 성을 보호해 주는 많은 용감한 코 기사들과 입 기사들을 거느리고 있었어요. 힘센 코 기사는 반짝이는 검과 번뜩이는 방패를 가지고 있었어요. 몇 주 전부터 코 기사들은 성 밖에 매복해 있는 못된 박테리아 병사들을 관찰하고 있었어요. 박테리아 병사들은 라스 성의 열린 입술 성문 앞에 모두 집결해 있었어요. 박테리아 병사들은 힘차게 성의 큰 입 속으로 뛰어들어 갔고, 거기서 라스 성의 아주 뒤쪽 편도선 탑에 살고 있는 피곤한 입 기사들을 만나 그들과 싸웠어요.

입 기사들은 쳐들어 온 박테리아 병사들에 대항하여 새빨갛게 될 때까지 용감하게 싸웠어요. 그러나 입 기사들은 박테리아 병사들을 물리치는 데 실패했어요. 그래서 박테리아 병사들은 그들의 흉측한 코감기 상자, 기침 자루, 열 가방을 라스 성의 입 깊숙이 가져갈 수 있었어요. 힘센 코 기사들은 라스 성의 입에서 박테리아 병사를 물리칠 수 없었기 때문에 지켜만 보고 있었어요.

라스 왕은 너무 피곤했어요. 그는 자포자기 상태였고, 그가 무엇을 해야 하는지 알지 못했어요. 자기 성의 입술 성문은 더 이상 닫히지 않았고 항상 새로운 흉측한 코감기 상자, 기침 자루와 열 가방이 자기 성으로 들어왔어요. 그때 라스는 자기 성 밖에 살고 있다는 영리한 요정에 대한 이야기를 들었어요. 이 요정을 찾기 위해 라스 왕은 바로 다음 날 아침 길을 떠났어요. 마침내 여러 날

후에 왕이 요정을 만났을 때 요정은 왕에게 닫힌 입술 성문에 대한 비밀을 들려주었어요. 요정은 라스 왕에게 어떤 흉악한 박테리아 병사들도 더 이상 공격할 수 없도록 어떻게 입술 성문을 닫아야 하는지 보여 주었어요.

박테리아 병사들은 그렇지만 그렇게 빨리 포기하지 않았어요. 박테리아 병사들은 은밀히 높이 기어오르는 것을 시도했고, 약간 열린 콧구멍을 통해 마침내 라스 성에 도달하였어요. 그렇지만 박테리아 병사들은 거기서 용감하고 힘센 코 기사들을 만났어요. 힘센 코 기사들은 침입자를 물리칠 수 있는 반짝거리는 검을 가지고 있었어요.

그래서 흉악한 박테리아 병사들은 바깥으로 굴러떨어졌고, 라스 왕은 마침내 넓은 성을 되찾게 되었어요.

이날 이후로 라스 왕은 입술 성문을 그가 필요할 때마다 닫을 수 있게 되었어요.

라스 왕은 신선한 채소를 실은 농부의 마차들이 성 안으로 들어올 때, 그리고 그의 친구, 조나단 왕이 그와 담소를 나누기 위해 성을 방문할 때만 성문을 열어 주었어요."

라스가 입술 성문을 닫을 수 있게 된 후부터 반짝이는 검을 가진 그의 힘센 코 기사들이 박테리아 병사들을 물리쳐서 라스는 아주 기뻤어요.

이제 그는 강한 왕이 되었어요!

(3) 코로 냄새 맡고 탐지하는 이야기

준비물: 향이 나는 오일을 떨어뜨린 화장지(149쪽에 향에 대한 제안표 참조)

이제 정말로 감동적이고 흥분되는 너의 코 내부로 떠나는 여행이 너를 기다리고 있어.

이제 네가 들이마시는 향기가 너의 두 콧구멍으로 스며들 거야. 콧구멍으로 들어가자마자 이리저리 길가에 서 있는 크고 작은 머리카락 뭉치를 만나게 돼.

향기는 이 뭉치를 통해 스며들고 소위 '냄새 맡는 머리카락'에 도달하지. 이 머리카락은 네 코 윗부분에 위치해 있어. 그 머리카락은 아주 잘 숨어 있어서 네가 너의 콧구멍을 아주 깊숙이 후빈다고 해도 너는 그것을 너의 손가락으로 잡을 수 없어.

만약 네가 아주 집중해서 냄새를 맡고(향이 나는 화장지를 코앞에 갖다 댄다) 곰곰이 생각해 보면, 네가 지금 맡고 있는 향이 어떤 향인지 틀림없이 알게 될 거야.

웅! 너 이 향 좋아하니? 네가 이 향을 한 번 더 맡아보면 아마도 좋아할까? 아마도 네가 이 향을 특히 즐겨 맡게 될 걸!

물론 너는 불쾌한 향이나 냄새도 알고 있어. 그러면 너는 생각해 보고 분명 "에~! 썩은 냄새가 나잖아!" 라고 말을 할 거야.

너는 그러면 이런 향을 맡는 것을 좋아하지 않기 때문에 아마도 네 코를 막을 거야. 네가 너의 코를 막는다면, 그 향은 너의 냄새 맡는 머리카락으로 스며들지 못하게 되고, 그렇게 되면 너는 어떤 냄새도 맡을 수 없게 돼.

그러나 방금 맡은 향처럼 편안한 향이 너의 코 안으로 스며들면 이것을 감지하고 향이 퍼지게 되지.

갑작스럽게 너는 소위 너의 '코 안'을 의식적으로 감지할 수 있게 돼. 이때 너의 입은 전체 공기, 정확하게 말하면 향기가 너의 코 안으로 밀려들기 때문에 닫히게 돼. 아니면 네가 입으로 뭔가 냄새를 맡아 본 적이 있니?

나는 여태까지 한 번도 성공하지 못했는데…….

3) 부모의 협조

만성적인 구강호흡이 아동의 신체 발달에 미치는 문제를 부모에게 설명하고 이해를 시키는 부모교육에서 부모의 협조가 시작된다.

자연스러운 비강호흡의 의미를 부모에게 더 잘 중재할 수 있도록 구강호흡의 문제점을 도식(91쪽 이하 참조)으로 정리하였다. 부모교육을 통해 부모가 아동을 더 잘 이해하고 지원할 수 있게 해 준다. 즉, 부모는 문제에 대한 이해의 폭을 넓히고 치료에 더욱 적극적인 태도를 보임으로써 언어치료를 더 잘 지원할 수 있다.

지속적인 비강호흡은 매우 천천히 이루어지기 때문에 많은 시간과 노력이 필요하다. 다시 말해, 부모의 협조 없이 매주 45분이라는 치료 회기만으로는 자연스러운 비강호흡을 지속적으로 유지하기에 어려움이 있다.

부모가 치료에 함께 참여하게 되면, 자연스러운 입 다물기를 요구하는 연습을 치료실에서 배워 연습과제로 집에 가져가서 아동과 계속 실시할 수 있어 좋다. 지속적인 입 다물기가 가능해지도록 부모가 가정에서 어떻게 연습을 응용하고, 또 실제로 어떻게 훈련할 수 있을지에 대해 치료사와 부모가 함께 앞으로도 계속 숙고해 볼 수 있다. 122쪽 이하에 소개된 자료를 복사해서 가정에서도 사용할 수 있도록 한다.

부모는 주 중에 가정에서 실제로 무엇을 실행할 수 있을지 숙고해 보아야 한다. 예를 들면, 부모는 매번 무엇을 할 것인지 계획을 세우고, 그 계획이 실현 가능한지 가정에서 직접 실시해 보는 것이 좋다. 이때 중요한 것은 인내며, 아동에게 지나치게 강요하는 것은 바람직하지 않다.

부모는 시간이 지남에 따라 잘못된 기능을 다시 '정상적'인 것으로 착각하기 때문에 치료사는 비강호흡이 중요하다는 것을 부모에게 매번 새로이 설명해 주어야 한다.

4) 자연스러운 입 다물기를 유도하는 놀이

다음과 같은 놀이와 연습은 자연스러운 입술 접촉을 요한다.

- 가볍게 입을 다물고 허밍 하기
- 입술로 짧은 실을 물고 있기
- 실(지름 약 1mm)은 여러 번 매듭을 지어서 준비한다. 이 실을 입에 넣고 천천히 밖으로 빼낸다. 이때 아동은 그 매듭 수를 센다.
- 입술로 이쑤시개나 설압자, 혹은 빨대를 물고 있기(한 번은 세로로, 한 번은 가로로 문다)
- 단추 물기
- 입을 가볍게 다물고 (무가당) 사탕을 입 속에서 빨아먹기
- 입을 가볍게 다물고 (무가당) 껌 씹기
- 입을 가볍게 다물고 껌을 씹으면서 허밍 하기
- 입술 놀이:

– 쩝쩝거리며 소리내기(작게–크게)

– 호두나 땅콩, 과자와 같이 먹을 수 있는 물건을 입으로 집어 모으기

– 클립, 종이, 마분지, 설압자, 빨대와 같이 먹을 수 없는 물건을 입으로 집어 모으기

– 물 마사지: 물 한 모금을 머금고 입을 헹구듯이 물을 입안에서 이리저리 움직이고 볼과 입술에 바람을 넣어 유지하기

■ 입술소리 /ㅍ/와 /ㅂ/를 이용한 언어운율 훈련

– "평수는 팔에 파스를 붙였다."

– "바람이 불어 불던 풍선이 펑 터졌다."

– "파리가 부채에 붙어 있다."

– "부평시장에 가면 파란 바지를 즐겨 입는 부추 파는 할머니를 볼 수 있다."

■ 입술소리가 포함된 짧은 이야기 읽기

"병수네 가족은 여름 방학에 옆집 병창이네와 함께 부산 해운대 바닷가에 놀러 갔다. 백사장에는 빨간색, 파란색의 비치파라솔이 빽빽이 들어서 있었다. 우리도 비치파라솔을 빌려 자리를 잡고 준비해 온 맛있는 음식을 꺼내 먹었다. 어른들은 비치파라솔 밑에서 쉬고 있고, 나는 병창이와 병창이 동생 병주와 함께 수영복으로 갈아입고 파도가 치는 바닷물 속으로 들어갔다. 바닷물은 차고 시원했다. 우리는 튜브를 타고 파도타기를 하였다. 우리는 엄마 아빠를 졸라 바나나 보트도 탔다. 병주는 무서워서 바나나 보트를 타지 않겠다며 울었다. 그래서 병주 아빠가 병주를 안고 보트를 탔다. 무서워서 보트를 타지 않겠다고 울던 병주도 아주 신나게

바나나 보트를 탔다. 우리 옆으로 다른 사람이 탄 보트가 지나갈 때면 병주는 더 신이 나서 손을 흔들었다. 하루 종일 바닷가에서 물장난을 하고 놀다 보니 배가 고팠다. 우리는 바닷가 근처에 있는 식당에 가서 버섯 샤브샤브와 불고기를 먹고 집으로 돌아왔다. 나는 내년 여름 방학에도 병창이네와 함께 바닷가로 놀러 가고 싶다고 아빠께 말씀드렸다. 하루 종일 놀아서 피곤하지만 정말 행복한 하루였다."

■ /파펄라파퍼/, /파펄라파퍼/, /파펄라파퍼/ 등

그 밖의 입술 연습과 입 다물기 연습은 Adams 등(2002)을 참조하기 바란다.

5) 지속적인 입 다물기를 유도하는 연습

지속적인 입 다물기를 이루기 위한 방법은 매우 다양하다. 잘못된 습관이 매우 강하게 남아 있으므로 자연스러운 입 다물기를 할 것을 항상 다시 상기시켜야만 한다. 입을 벌리고 있는 상태가 몇 년이 지나도 계속 지속되면, 그만큼 더 많은 노력과 인내가 필요하게 된다.

다음에 소개하는 연습은 치료 상황에 관한 것이다. 치료사는 부모가 치료시간 이외에도 항상 아동을 관찰하고, 아동과 대화를 나누고, 아동을 아낌없이 지원할 수 있도록 부모에게 동기를 부여하고 부모를 치료에 참여시켜야 한다. 치료사는 아래에 제시된 방법에 대해 부모와 함께 상의한다. 부모는 아동이 어떤 과제를 수행할 수 있는지 아동과 함께 숙고해 보고, 적합한 연습을 찾아 일관성 있게 가정에서 연습을 한다.

지속적인 입 다물기를 이루기 위한 가정 지도

- 가정에서 지도할 경우 입술로 실을 가볍게 물고 있게 한다.
- 말을 하지 않아도 되는 놀이의 경우 입을 다문 상태에서 설압자나 납작한 단추, 혹은 쌀알이나 국수를 가볍게 물게 한다.
- 윗입술과 아랫입술 사이에 케이크 종류의 과자를 가볍게 물고 있게 한다(과자가 입을 달라붙게 한다).
- 얼마나 오랫동안 입을 다물고 있는지 시간을 잰다. 입 다물기 표에 결과를 기록한다.
- 표제어를 사용한다. 부모는 아동과 함께 아동이 그 단어를 들으면 자기 입을 다물거나 다물 생각을 하게 될 어떤 표제어(예를 들면, 악어)를 생각해서 말한다('입 다물어!' '그만해!'와 같은 부정적인 표현은 피한다).
- 주의를 표시하는 표식을 방 안에 붙인다. 이것은 아동에게 지속적인 입 다물기를 기억하게 하는 어떤 상징물이다.
- 오늘 하루가 어땠는지 저녁에 생각해 보고, 언제 입을 다물었는지에 대해서 이야기 한다. 그리고 아동은 자연스럽게 입을 다물고 있는 동안 테두리 선이 그려진 인쇄된 사각형이나 임의로 견본을 만든 사각형을 색칠하는 등 입 다물기 훈련(부록 16 참조)을 한다.
- 계속해서 매일 양치질하듯 입으로 움직이는 훈련을 실시한다. 물 마사지(120쪽)를 참조하면 도움이 된다.
- 입 다물기 표를 만들어 사용한다. 매일 정해진 시간에 아동에게 묻는다. 입이 닫혀 있으면 표에다 긍정적인 표시를 그려 넣고, 입이 열려 있으면

부정적인 표시를 그려 넣는다.

- 보너스 점수를 이용한다. 아동이 입을 다물고 있는 것이 가족 구성원에 의해 발견될 때마다 아동에게 보너스 점수를 준다(스티커를 작은 노트에 붙여준다). 아동이 스티커를 약 20개 이상 모으면 아동에게 작은 선물을 준다.
- 소금물로 코를 헹군다(코 헹구는 제품은 약국에서 구입 가능).
- 코 마사지와 코 연습에 대해서는 107쪽을 참조하기 바란다.
- 놀이를 이용한다. 예를 들어, 코끼리 코나 풍선을 코로 분다. 매일 규칙적으로 실시한다(지시사항은 235쪽 참조).
- 그 밖의 다른 놀이와 연습은 Adams 등(2002)을 참조하기 바란다.

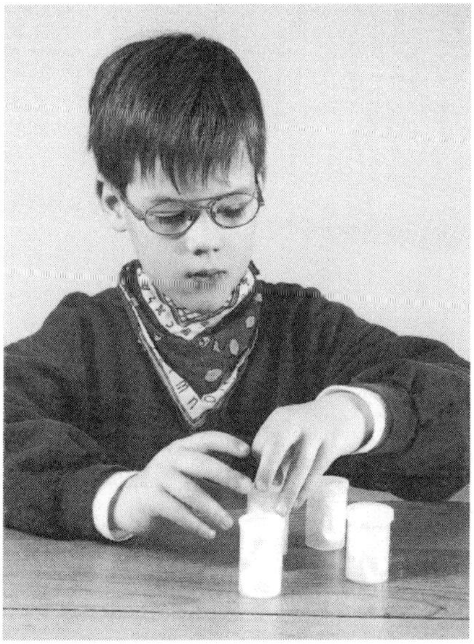

가정에서 할 수 있는 연습으로 냄새 맡기 놀이가 있다.

6) 움직일 때 지속적인 입 다물기

움직일 때도 지속적으로 입을 다무는 것은 시간이 어느 정도 지난 후에 가능할 수 있다. 아동은 입을 다문 상태에서 불쾌한 감정을 느껴서는 안 된다. 코로 숨을 충분히 쉬지 못할 경우 아동은 공포감을 느낄 수 있다. 코감기에 걸리거나 알레르기처럼 기타 코로 호흡하는 데 어려움을 가질 경우 위에서 언급한 놀이와 연습은 반드시 코를 푼 후 실시하는 것이 좋다.

04 들숨과 날숨에 관한 놀이

1. 방법론
2. 놀이

1. 방법론

방법론에서는 호흡 기능을 들숨, 날숨, 그리고 휴지(pause)로 분류하여 소개하고 있으나, 각각의 호흡 기능 사이의 상호관계를 간과해서는 안 된다. 따라서 들숨 기능에서는 날숨이 고려되어야 하며, 또한 역으로 날숨 기능에서는 들숨이 고려되어야 한다. 휴지 기능은 호흡놀이를 함에 있어서 건강하고 유익한 진행을 위해 균형을 잡는 가장 중요하고 기본적인 요소다. 해부학적 이론과 기능적 원리 이외에 심리적 관점도 중요시된다. 이 관점은 치료사에게 호흡놀이를 구성하는 데에 자극을 줄 수 있다.

1) 들숨을 강조하는 놀이에 대한 방법론

들숨과 관련지을 수 있는 다양한 생각이 있다.

- 무엇을 받아들이다 혹은 수용하다.
- 무엇을 들어오게 하다.
- 준비가 되어 있다.
- 축적
- 무엇을 섭취하다.
- 사용할 수 있거나 이용하려는 것을 가져오다.

■ 해야만 하는 활동, 추진력

■ 그것이 나에게 좋은 것인지 테스트해야 한다.

■ 무의식적인 들숨자극의 허용

아동에게서 나타나는 잘못된 기능을 수정할 경우 일반적으로 직접적인 접근보다는 간접적으로 수정해야 한다. '어깨를 높이 올리지 마라!'와 같은 발언은 아동에게 어떠한 긍정적인 피드백을 주지 못하고 이렇게 해야 한다는 직접적인 지시도 하지 못한 채 부정적인 면만 강조하는 셈이 된다. 다음과 같은 과정이 바람직하다.

① 아동이 어깨를 높이 올린다는 사실을 치료사가 인지한다.

② 치료사는 간접적으로 아동이 자신의 문제를 스스로 인식하게 할 수 있는 방법을 찾아야 한다.

들숨을 강조하는 놀이에서 나타나는 문제점과 그 해결책에 대해 다음에서 몇 가지 예를 들어 살펴보고자 한다.

:: 문제점 1

■ 흉부호흡 내지는 쇄골호흡

■ 숨을 들이쉬는 소리를 내며 견대를 들어 올림

■ 확연히 드러나는 목근육의 긴장

해결책

✓ 휴지 기능에 주의한다(135쪽 휴지 기능 부분 참조).

✓ 날숨 증진을 위한 놀이로 전환한다.

✓ 자세를 바꾸고(138쪽 신체자세 부분 참조), 아동이 다른 신체자세를 취할 때 숨을 더 쉽게 들이쉴 수 있는지 관찰한다.

✓ 수행능력을 점검한다.

✓ 아동의 능력에 따라 놀이 규칙을 바꾼다.

각각의 호흡 기능에 대한 지시사항을 준수하라!

시범을 보이는 치료사로서 내가 어떻게 숨을 쉬는지 점검한다.

:: 문제점 2

■ 막힌 코, 코감기에 걸린 코 혹은 알레르기성 점액이 가득 찬 코

해결책

✓ 코를 청소한다.

✓ 분비물로 막힌 코를 크게 킁킁대며 숨을 쉰다.

✓ 막힌 코를 시원하게 뚫기 위해 코 인지 훈련을 응용한다. 공기 통로에 대한 거부감이 없도록 비강을 분명히 의식하게 한다.

:: 문제점 3

- 좁은 목
- 숨을 들이쉴 때 나는 소음
- 숨을 들이쉬기가 힘듦
- 확연히 드러나는 긴장된 목 근육

해결책

✓ 코의 분비물을 제거한다.

✓ 들숨을 돕기 위한 연상동작을 실시한다. 예를 들면, 놀란 사자처럼 두 눈을 크게 뜨거나, 동물원의 낙타처럼 코를 벌리거나, 소처럼 입을 다물고 씹는다.

✓ 놀이 도중 동작을 변화시키고, 다른 놀이 자세를 취한다.

✓ 만약 자세 변화가 가능하다면, 숨을 보다 편하게 들이쉬도록 놀이 수준을 낮춘다.

✓ 휴지 기능을 점검한다.

:: 문제점 4

- 들숨의 증가
- 아동이 점점 더 많이 숨을 들이쉬고, 반복적으로 공기를 흡입하고 너무 적게 방출
- 과호흡의 위험

해결책

✓ 날숨을 강조하는 가장 간단한 놀이로 전환한다.

✓ 휴지 기능을 준수한다.

시범을 보이는 치료사는 아동의 모델 역할을 한다.

치료사 또한 자기가 무엇을 가르치는지 알기 위해 자기 자신의 호흡을 점검해야 한다. 치료사가 아동에게 전이시키는 호흡방식이 중요하다. 날숨을 강조하는 놀이의 경우 다음과 같은 기준이 도움이 될 수 있다.

- 치료사 스스로 들숨 시 '들이쉬는지' 점검한다.
- 놀이 중에 잠시 안정을 취해 자신이 숨 쉬는 것을 관찰한다.
- 아동에게 요구하는 수준을 치료사 스스로 느끼기 위해 함께해 본다.

2) 날숨을 강조하는 놀이에 대한 방법론

날숨과 관련지을 수 있는 다양한 생각이 있다.

- 무엇을 주다.
- 무엇을 자유롭게 해 주다.
- 무엇을 내주다.
- 무엇을 널리 퍼뜨리다.

- 발산하다.
- 넓어지다.
- 무엇을 움직이게 하다.
- 무엇을 변화시키다.
- 무엇을 발생시키다.

날숨을 강조하는 놀이에서 나타나는 문제점과 그 해결책에 대해 다음에서 몇 가지 예를 들어 살펴보고자 한다.

:: 문제점 1

- 숨을 헐떡임(숨을 짧고 빠르게 소리를 내며 들이쉼), 예를 들면, 아동이 빨리 많은 숨을 내쉬기 위해 아주 빨리 공기를 들이쉴 경우

해결책

✓ 휴지 기능을 점검한다.

✓ 놀이규칙이나 놀이를 바꾸어 놀이수준을 변화시킨다.

:: 문제점 2

- 숨을 너무 많이 내쉬고 스스로 제어할 수 없는 아동
- 불기에서 숨을 내쉴 때에 흥분되며, 얼굴이 빨개지고 토할 것 같은 느낌이 올 때까지 스스로 부는 것을 중단하지 못한다. 이 경우에 과호흡

의 위험이 있다.

해결책

✓ 휴지 기능을 주의한다.

✓ 치료사와 아동이 역할 바꾸기를 통해 날숨을 제한한다.

✓ 다음 단계로 연습을 진행할 수 있으며, /호/-불기에서 /후/-불기로 방법을 바꿈으로써 날숨을 조절할 수 있다.

:: 문제점 3

■ 숨을 거의 내쉴 수 없는 아동

해결책

✓ 놀이를 할 때에 정해진 훈련의 양을 줄이고, 아동의 능력에 따라 훈련의 수준을 조절한다. 가장 간단한 /호/-불기 놀이 중에서 놀이를 선택한다.

✓ /호/-불기에서 사물이 움직이는 것을 경험하게 되면, 아동은 더 많이 숨을 내쉬려고 노력한다.

:: 문제점 4

■ 날숨에 침이 섞이는 경우

■ 침이 튐

해결책

입 다물기 운동 및 코 인지 운동을 제공한다.

지름이 큰 빨대를 사용한다.

:: 문제점 5

- 억제된 호기
- 목 근육의 긴장
- 배에 힘을 주어 당기는 경우

해결책

✓ 근육을 촉진하는 코 인지 훈련을 한다.

✓ 바지 단추나 벨트가 꽉 끼는지 점검한다.

✓ 다른 자세나 동작을 이용한 놀이를 한다.

✓ 코로 냄새 맡는 놀이로 전환한다.

치료사는 다음 사항을 유의해야 한다.

- 놀이의 난이도를 더욱 쉽게 인식하기 위해서 아동과 함께 해 본다.
- 치료사와 아동이 역할을 바꿈으로써 자연스러운 휴식이 생긴다.
- 날숨 길이를 정하기 위해 명확한 규칙과 경계를 설정한다.
- 아동의 날숨 능력에 따라 훈련을 신중하게 진행한다.

아동은 단지 자기가 할 수 있고 원하는 만큼만 숨을 내쉬거나 내뿜는다. 무엇을 방출하려는 자극이 놀이를 통해 얻어지면, 날숨의 길이는 저절로 아주 빠르게 연장된다. 만약 아동이 아직 준비되지 않았다면, 치료사는 인내심을 갖고 기다려야 하고 다른 쉬운 놀이부터 제공해야 한다.

숨을 너무 많이 내쉬거나 내 쉰 아동은 다음과 같은 반응을 많이 보인다.

- "더는 못하겠어요."
- "토할 것 같아요."
- 얼굴이 빨개짐
- 급하게 숨을 쉬고 안절부절못함(지나친 호흡, 과호흡의 위험)

3) 휴지 기능을 위한 방법론

휴지 기능을 촉진하는 놀이는 없다. 휴지(pause)를 관찰할 수는 없지만 호흡에 큰 영향을 미친다.

호흡휴지와 관련지을 수 있는 다양한 생각이 있다.

- 완화하다 혹은 이완하다.
- 끝내다.
- 마지막 숨을 내쉬다.
- 새로운 것을 받아들이기 위해 자리를 만들 준비가 되어 있다.
- 무엇인가 새로운 것(들숨)이 나타날 때까지 기다리고 자리를 만들 준비가

되어 있다.

- 무슨 일이 일어나게 하다.
- 직접적이고 자의적인 영향력 없이도 호흡 근육을 움직이게 하다.

위에 언급한 호흡휴지에 대한 점을 일반적인 호흡과정에서는 알기 어렵다. 따라서 치료사는 휴지에 대한 점을 항상 의식적으로 생각하고 있어야 한다. 그렇지 않으면 아동에게 너무 과중한 훈련을 시킬 위험이 있다. 호흡에는 일시적으로 자극이 될 수 있으나, 호흡치료의 진행과정에는 좋지 않은 영향을 미칠 수 있다.

경제적인 호흡과정에서 나타나는 자연적인 호흡휴지는 긍정적 의미에서 우리 몸의 휴식을 말한다. 이는 자연적으로 이루어지며 우리 몸이 재생하는 데에 영향을 미친다.

날숨을 강조하는 놀이의 한 예로 '/호/-불기 놀이'(198쪽 참조)가 있다. 여기에서 빨대를 불면 종이고깔이 날아간다. 종이고깔을 다시 빨대에 끼우는 동안 시간이 흐르며, 이 시간은 다음과 같은 요소로 이루어져 있다.

① 진행 중인 놀이 내에서의 휴식
② 통제되지 않고 반복되는 호흡주기(들숨, 날숨, 휴지)는 놀이 규칙에 의해 정해지지 않는다.

들숨을 강조하는 놀이의 한 예로 '냄새 맡기 놀이'(153쪽 이하 참조)가 있다. 이 놀이에서 나타나는 휴식은 다음과 같이 생긴다. 즉, 아동이 향을 맡고 생각하는 사이 이미 날숨이 이루어진다. 뚜껑을 닫아 통을 세우는 데 시간이 걸린다. 이 휴식 시간에 맡은 향에 대한 정보를 처리하게 되며, 또한 다음에 맡을 향에 대해 호기심이 생기게 된다. 새로운 자극에 대한 기대가 높아진다.

놀이 중에 쉴 수 있는 시간이 있으며, 이때에 위에 기술한 바와 같이 호흡주기가 여러 번 일어나며, 매 날숨 뒤에는 정상적인 호흡휴지가 일어난다. 호흡휴지는 경제적인 호흡의 리듬을 유지시킨다. 따라서 매 날숨 뒤에 이어지는 자연적인 호흡휴지를 향상시키고 지지해야 하며, 이를 위해서는 호흡놀이 중의 휴식이 중요하다. 정상적인 호흡휴지는 자주 간과하게 되고 무시되며, 언급되지도 않는다. 놀이 상황에서도 이와 같이 호흡휴지가 언급되어서는 안 된다. '호흡휴지'라는 말을 하지 않고 간접적으로 호흡휴지를 유도하는 것이 중요하다. 그렇지 않을 경우 숨을 참거나 숨을 쉬지 않는 경우가 발생한다.

아동이 휴지를 적절하게 받아들이고 다른 놀이나 규칙을 통해 상황을 바꾸도록 치료사 스스로 자연스러운 휴지인 평안함과 신중한 자세를 갖추고 있어야 할 것이다. 들숨과 날숨을 더 빨리 하도록 재촉하는 것은 휴지 기능을 제한하고 호흡 기능이 아동에게 적절하지 못했기 때문에 어떤 성공도 기대할 수 없다.

다음의 방법을 통해 휴지 기능을 도와줄 수 있다.

- 놀이를 교대로 한다.
- 아동에게 질문하거나 놀이에 적합한 것을 설명한다.
- 아동 스스로 놀이를 중단하고 휴식을 갖는다.

4) 주기적 시간 구성

매 호흡주기에서 나타나는 들숨과 날숨, 호흡휴지 사이의 전환은 하나의 단위를 이루며, 상황에 따라 적절하게 대응한다. 따라서 호흡 놀이에서도 이러한 전환이 이루어져야 한다. 치료시간에 불기 놀이만 하거나 혹은 냄새 맡는 놀이만 하는 것은 자연스러운 호흡 진행에 적합하지 않으며, 신체 기능이 너무 한쪽으로만 무리하게 촉진된다. 호흡 기능 중 한 기능만 연습한다면, 한 치료회기 내에서 두 가지 이상의 놀이를 해서는 안 된다. 그렇지만 좀 더 많은 호흡놀이를 실시하고 언어치료 시 사용하는 다른 연습과 결합한다면, 놀이를 자주 바꾸거나 호흡과 직접 관련이 없는 다른 놀이나 연습을 중간 중간 삽입하는 것이 바람직하다. 그럼으로써 아동 개개인에게 적합한 주기적 변화가 생긴다.

날숨을 강조하는 놀이와 들숨을 강조하는 놀이 사이의 전환은 종종 저절로 이루어진다. 그렇지만 유연성이 없을 수도 있기 때문에 규칙을 정해 놓을 필요는 없다. 하나의 호흡주기에서 각각의 호흡 기능은 상호보완적이고 호흡근육의 기능을 강화시킬 수 있다. 예를 들면, /호/-불기 놀이를 한 다음 /후/-불기 놀이를 하면, /호/-불기 놀이 시 습득된 근육 기능이 /후/-불기 놀이에서 강화된다. 그리고 나서 들숨 기능으로 다시 바꾸거나, 호흡 근육을 지나치게 극단적으로 요구하지 않는 완전히 다른 놀이를 통해 휴지 기능을 유도한다.

5) 호흡 놀이 시 신체 자세

독일어 사전에 따른 자세에 대한 정의(B nting, 1996)

① 신체자세
② 태도, 사고, 판단, 의견
③ 자세를 유지하다(조절하다).
④ 소유물

'(움직인 자세를) 그대로 유지하다'라는 개념에 대해 독일어 사전에 나와 있는 정의

① 무엇을 손에 붙잡다.
② 빠트리지 않다.
③ 잡아서 놓지 않다.
④ 의견, 견해, 평가, 입장을 취하다.
⑤ 준비하고 따르다.
⑥ 성공적으로 방어하다 등

이런 표현에서 '자세'와 '(움직인 자세를) 그대로 유지하다'는 개념은 항상 '무엇'과 연관된 상태라는 것을 알 수 있다. 신체를 똑바로 세우는 것, 즉 자세는 중력과 주어진 상황에 따라 변한다. 신체적인 경우 우리는 치료실에 있는 책상, 의자, 벽, 공, 바닥 등과 같은 다양한 자료를 이용하여 신체 자세를 바로 취할 수 있도록 도와줄 수 있다. 날숨의 경우에는 종이 관이나 빨대를 불거나 볼에 바람을 넣는 것과 같은 방법으로 날숨에 대한 저항력을 향상시킴으로써 도움을 줄 수 있다. 움직이는 대상물일 경우에도 우리 몸은 그 대상물에 맞게

자세가 바뀐다.

신체 자세를 변화시킬 수 있는 것으로 다음과 같은 예를 들 수 있다.

- 냄새 맡기: 자세를 똑바로 하고자 하는 동력은 호기심이다('무슨 좋은 냄새가 나지?' '내가 맡고 있는 이 향이 뭐지?').
- 빨기: 자세를 똑바로 하여 안정된 상태를 유지한다('나는 그거 빨고 있을 수 있어.' '나한테 붙어 있어.').
- /호/-불기: 나는 무엇인가를 뿜어낸다. 센 입김이 나에게서 나온다. 나는 자세를 똑바로 유지하고 있다. 나는 '그대로 유지한 채' 서 있고, 무엇인가를 밀쳐내면서도 자세를 흩트리지 않고 그대로 유지하고 있다.
- /후/-불기: 나는 호흡을 길게 한다. 나는 긴 호흡에 맞춰 안정된 자세를 유지하고 있다.

6) 놀이 자세와 태도에 대한 참고사항

몸을 가능한 한 쭉 편다(횡격막과 흉곽의 움직임이 방해되어서는 안 된다). 머리 자세의 경우 목덜미를 지나치게 뻗게 되면 안 되고, 혹은 턱을 너무 지나치게 끌어당겨도 안 된다는(기도가 자유로워야 한다) 이 원칙은 아래 열거되는 모든 놀이에 적용된다.

[1] 서 있는 자세

- 양 발바닥을 바닥에 대고 선다(양쪽 발에 동일한 무게를 주면 바닥과 편안한

접촉을 하게 됨).

- 바로 서서 무릎을 편안하게 편다(머리 위에 작은 모래주머니를 얹는 것도 좋다).
- 치료 시 사용하는 균형보드 위에 선다(균형 잡기는 끊임없이 평형상태를 요구하는 놀이를 통해 이루어진다).
- 서서 놀이를 실시하며, 가능한 한 치료실에서 움직이며 할 수 있는 놀이를 한다.

2 다양한 종류의 걷기자세

- 발가락 끝으로 걷기, 발뒤꿈치로 걷기
- 뒤로 걷기, 옆으로 걷기
- 발을 동동 구르며 걷기, 발을 쿵쾅거리며 걷기, 뛰고 솟거나 살금살금 걷기
- 양탄자, 종이, 모래주머니, 나무, 마분지, 밧줄과 같은 것을 바닥에 깔고 그 위에서 걷기(근육과 인지가 지속적으로 새로운 반응을 하도록 자극한다)

놀이를 할 경우 처음에는 서서히 진행하다가 다른 신체 자세로 바꾼다. 예를 들면, 기어 다니기, 느리게 기어가기, 걷기, 살금살금 걷기, 기어오르기, 두발로 뛰기, 트램펄린에서 뛰기, 그리고 책상이나 의자의 위아래로 뛰어 넘기 등 여러 자세로 놀이를 실시한다. 동작 변화는 호흡과 자세에 대한 새로운 자극을 제공한다.

3 앉은 자세

■ 짐볼(gym ball 혹은 exercise ball)과 다양한 의자 위에 앉기(동작 변화는 새로운 활동 자극을 준다)

■ 아래팔을 책상 가장자리에 올려놓고 앉거나 책상위에 팔꿈치를 괸 채로 앉기(척추의 부담을 경감시킴)

■ 바닥 위에 앉기: 책상다리, 무릎 꿇고 앉기, 쪼그려 앉기

■ 놀이 동작, 즉 운동과 호흡의 변화를 통해 올바른 자세로 유도한다(호흡과 자세의 복잡한 과정이 함께 작용할 수 있도록 하기 위함). 바닥에서 책상으로 일어서거나 네 발로 선 자세에서 서는 동작 취하기 등 놀이 동작을 변화시켜 준다.

4 책상 앞에서의 자세

■ 쪼그려 앉기/무릎 꿇고 앉기

■ 의자에 앉을 경우 발과 바닥의 접촉(동일한 무게를 실어서)이 가능한지 살펴본다.

■ 만약 바닥 접촉이 불가능할 경우, 신발을 벗고 의자에 쪼그리고 앉는다.

■ 책상 가장자리에 서서 하기: 머리가 가급적 척추에서 일직선이 되도록 머리 자세에 주의한다. 아동의 신체 크기를 고려하고 이것을 참작해야 한다.

5 누운 자세

■ 등을 바닥에 대고 눕기(척추의 부담을 경감시킴)

- 배를 바닥에 대고 엎드려서 책을 읽거나 놀이하기(횡격막이 바닥의 저항을 받음: 기능을 하기 위한 자극)
- 적절한 시간에 놀이를 바꾸거나 짧은 휴식을 위해서 놀이 도중에 아동이 말하는 것에 주의를 기울여야 한다.

2. 놀이

1) 기본 구상

놀이는 한 면에 하나씩 소개되어 있다. 놀이 응용, 놀이 목적 및 주의사항은 여기 기술된 놀이에 대해 특별히 붙어진 용어다. 놀이는 난이도에 따라 쉬운 놀이에서 어려운 놀이 순서로 배열하였다. 먼저 들숨 단계에서 고려해야 할 놀이를 열거하고, 그러고 나서 날숨 단계에 필요한 놀이를 소개하였다. 마지막으로 음성 놀이가 소개된다. 놀이 범주의 시작 시 놀이에 필요한 준비물을 사용하는 방법뿐만 아니라, 참가 아동의 개별적 능력을 키우기 위해 어떤 준비물을 선택하는 것이 좋은지에 대해 지시사항을 제시해 두었다. 모든 놀이는 치료 시간에 여러 가지 놀이를 섞어서 할 수 있으며, 또한 하나씩 순서대로 할 수도 있다.

2) 실시 방법

모든 놀이는 사전준비가 거의 또는 전혀 필요 없도록 고안되었다. 몇몇 놀이는 힘들이지 않고도 잠시 시간을 내서 만들 수 있도록 되어 있으므로 이런 놀이는 쉽게 그리고 자주 사용할 수 있다. 준비물 선택 시 '재활용품'을 사용하도록 고려하였다. 대부분의 준비물은 일반적으로 치료실에 갖추고 있는 것들이다.

05 호흡놀이

1. 들숨 놀이
2. 날숨 놀이
3. 회기 구성과 치료 진행

ATEMSPIELE

1. 들숨 놀이

1) 냄새 맡기

–들숨 기능–

냄새를 맡는다

냄새를 맡는 것은 코를 통해 강하게 숨을 들이마시는 것이며, 냄새를 감지하는 것이다.

코를 킁킁거린다

출처: Struck(1997).

(1) 냄새 맡기 놀이 방법

다음에 소개되는 냄새 맡기 놀이는 초보자를 위한 놀이와 경험이 있는 아동을 위한 놀이로 구분된다.

■ **처음으로 냄새 맡기 훈련을 경험하는 초보자를 위한 놀이**

① 향이 나는 쿠션

② 코 주위로 가져가기

③ 향이 나는 구슬

④ 향이 나는 밴드

⑤ 코 형사

■ **냄새 맡기를 어느 정도 경험한 아동을 위한 놀이**

⑥ 도대체 무슨 냄새지?

⑦ 예민한 후각

⑧ 냄새 맡기 놀이

⑨ 코를 훌쩍거리는 놀이

⑩ 냄새 로또

⑪ 냄새 알아맞히기

⑫ 냄새 흔적

1 냄새 맡기 놀이에 대한 방법론

놀이는 방법론적으로 순서가 연결되도록 만들어져 있다. 첫 번째 다섯 가지 놀이는 냄새 맡기 과정에 접근하는 데 필요한 놀이다. 나머지 일곱 가지 놀이

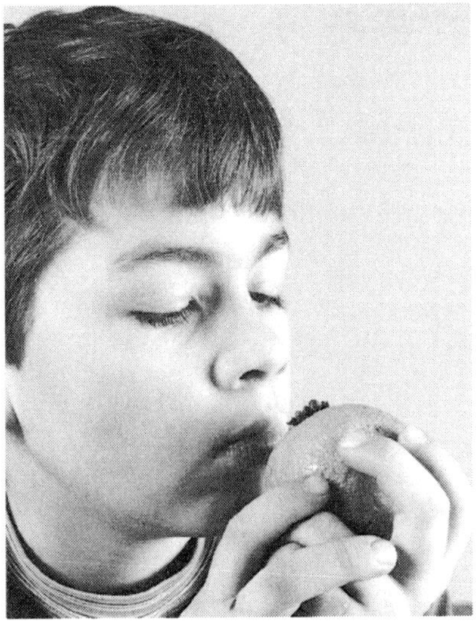

는 언어 혹은 음성 훈련 치료를 계속 진행하는 아동에게 필요한 놀이다.

매우 강한 인공향에 민감하게 반응하는 아동이 있기 때문에 아동에게 부담이 되는 향은 없는지 사전에 살펴보아야 한다. 특히 향이 나는 오일의 경우 알레르기 반응을 유발할 위험이 있으므로 주의한다.

2 냄새 맡기 놀이에 사용 가능한 향에 대한 제안

아동에게 적합한 향으로 다음의 것이 있다.

- 카카오
- 정향(클로브라고도 불리는 향신료로 맛이 달면서도 매움)
- 계피

- 아니스(동부 지중해 지방에서 나는 향료 및 약용식물)
- 과일차
- 벌꿀
- 밀랍(꿀벌이 벌집을 만들기 위하여 분비하는 물질)
- 비누(벌꿀 비누 혹은 다른 향)
- '독특한 향'을 지닌 향수
- 라벤더
- 오렌지 껍질
- 페퍼민트

향이 나는 오일을 사용할 경우 가급적이면 자연 그대로가 좋지만, 알레르기 성향이 있는 아동의 경우 코점막이 붓거나 공기 결핍과 같은 알레르기 반응의 위험이 있으므로 주의해야 한다. 일반적으로 다음과 같은 향이 나는 오일을 사용할 수 있다.

- 오렌지
- 레몬
- 계피
- 귤
- 스피어민트(페퍼민트)
- 라벤더

냄새를 맡는 것은 코로 숨을 들이마시는 것이다!

3 냄새 맡기 놀이에 사용 가능한 재료

- 부엌에서 찾을 수 있는 재료: 볶은 양파, 마늘 가루, 카밀레차, 커피, 식초, 국 양념, 초콜릿 가루, 계피대, 막대 모양의 바닐라 열매, 오렌지나 레몬 혹은 사과와 같은 과일 조각, 패랭이꽃으로 장식한 오렌지 등
- 욕실에서 찾을 수 있는 재료: 바디로션, 샴푸, 비누, 바디오일, 치약, 구강세척수, 선크림, 체취 제거제, 향수 등
- 냄새 맡기 놀이에 사용되는 재료를 보관하는 방법
  - 소금통을 색칠하거나 안이 보이지 않게 다른 재료를 통에 붙인다.
  - 양념통을 색칠하거나 안이 보이지 않게 다른 재료를 통에 붙인다.
  - 경우에 따라 돌려 여닫는 마개가 있는 유리그릇을 안이 보이지 않게 다른 재료를 통에 붙여 사용한다.
  - 필름통(사진관에 가면 무료로 얻을 수 있다)

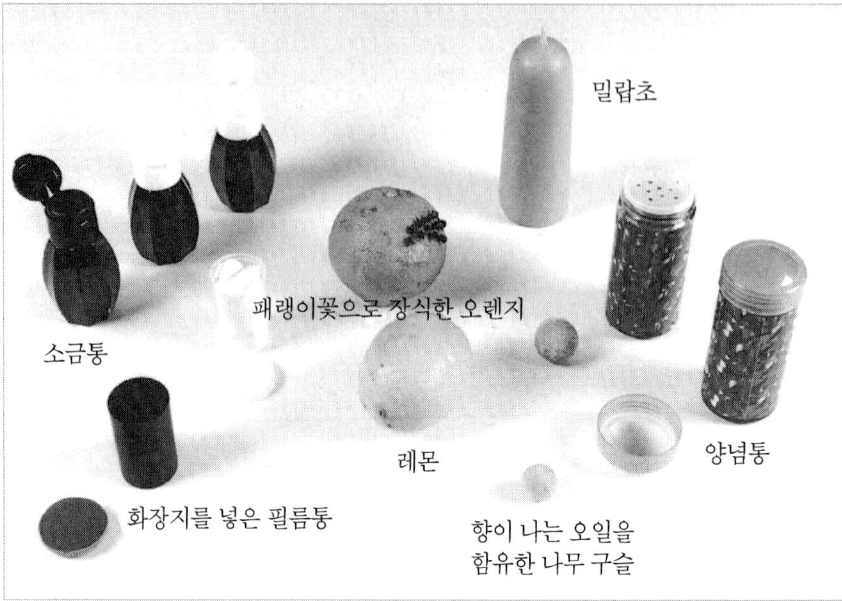

냄새 맡기 놀이에 사용 가능한 재료

(2) 냄새 맡기 놀이

1 향이 나는 쿠션

놀이 이름	향이 나는 쿠션
준비물	냄새가 진한 향(149쪽 참조)
사전 준비	냄새가 진한 향을 선택하여 천으로 만든 작은 쿠션에 뿌린다.

놀이 규칙	아동은 우선 향이 잘 퍼지도록 향기 나는 쿠션을 누르고 주무른다. 향이 나는 쿠션을 코로 가져간다. 향을 맡고 난 뒤 아동은 그 쿠션을 다른 아동에게 준다. 쿠션을 받은 아동 또한 쿠션을 충분히 주무른 후 냄새를 맡는다.
놀이 응용	① 향이 나는 쿠션을 집으로 가져가 아동의 베개 옆에 놓아두고, 부모와 아동이 위에 말한 놀이를 같이 실시한다. ② 그룹 놀이: 향이 나는 쿠션을 가볍게 주물러 다른 아동에게 던져 준다. 쿠션을 던지면서 낱말이나 특정한 말소리를 훈련한다.
놀이 목적	■ 처음으로 냄새 맡기 경험을 집중적으로 한다. ■ 후각 훈련 ■ 코의 기능을 의식적으로 체험한다. ■ 입 다물기 훈련 ■ 집중력과 지구력 훈련
참고 사항	이 놀이를 집에서 실시할 수 있도록 과제로 내준다(부모 참여). 특히 지속적으로 후각신경을 자극하기 위해 향이 나는 쿠션을 베개 옆에 놓아둔다. 물론 좋은 효과를 기대하기 위해서는 냄새 자극을 매주 바꾸어 주는 것이 바람직하다.
놀이 자세와 태도	이 놀이는 신체 전반을 고려하여 서서 실시하는 것이 좋다. 가장 좋은 호흡 방식은 선 자세에서 가능하다. 아동이 서 있을 때 자세가 올바른지 살펴보아야 한다(두 발로 선 자세가 이상적임).
주의 사항	없음

2 코 주위로 가져가기

놀이 이름	코 주위로 가져가기
준비물	냄새가 진한 향(149쪽 참조), 눈가리개
사전 준비	강한 냄새가 나는 향을 선택하여 병이나 통에 넣어 놀이에 적합하게 만든다.

놀이 규칙	아동은 눈가리개로 눈을 가린다. 강한 냄새가 나는 향을 아동의 코앞으로 가져가 댄다. 다른 아동은 치료실 안을 이리저리 돌아다니고 아동은 냄새를 쫓아 따라간다. 즉, 인도하고 따르는 방식으로 놀이가 진행된다. 그러고 나서 역할을 바꾸어 놀이를 계속 진행한다.
놀이 응용	① 아동이 눈가리개로 눈을 가리고 치료실 안을 이리저리 움직이는 것을 힘들어하면, 눈가리개 없이 눈을 뜬 상태로 냄새를 맡으며 쫓아다닐 수 있다. ② 입을 다문 상태에서 냄새를 더 잘 맡을 수 있기 때문에, 이 놀이규칙을 그대로 적용하여 움직일 때도 반드시 입을 다물고 놀이를 진행시킨다.
놀이 목적	■ 후각 훈련 ■ 처음으로 냄새 맡기 경험을 집중적으로 한다. ■ 코의 기능을 의식적으로 체험한다. ■ 활동 시 입 다물기 훈련(치료실에서 냄새의 흔적을 쫓아다님) ■ 집중력과 지구력 훈련
참고 사항	매주 다른 향을 선택하여 매 치료 시작 때마다 이 놀이를 실시한다. 이 놀이는 초보자도 할 수 있지만, 이미 '후각 경험'을 한 아동의 경우 이 놀이를 더 잘 수행할 수 있다.
놀이 자세와 태도	이 놀이는 신체 전반을 고려하므로 참가 아동은 치료실 안을 이리저리 돌아다닌다. 이때 아동은 의자를 뛰어넘을 수도 있고, 책상 아래로 기어 다니다가 다시 일어서는 등 여러 동작을 취할 수 있다. 많은 활동과 집중 훈련을 통해 호흡을 촉진시킨다.
주의 사항	향이 너무 강해서 향을 느끼지 못할 수도 있으므로 너무 오래 놀지 않는 것이 좋다(후각 세포의 과잉 자극).

3 향이 나는 구슬

놀이 이름	향이 나는 구슬
준비물	래커칠을 하지 않은 나무로 만든 구슬이나 솜으로 만든 구슬, 향이 나는 오일(149쪽 참조)
사전 준비	놀이 시작 전에 나무로 만든 구슬에 향이 나는 오일을 몇 방울 떨어뜨려 둔다(가능하면 놀이 시작하기 전에 오일을 떨어뜨려 두는 것이 좋다. 만약 놀이 직전에 구슬에 오일을 떨어뜨리면 구슬이 아직 촉촉해서 오일 향이 무엇인지 바로 알 수 있다).

놀이 규칙	나무로 만든 구슬(혹은 솜으로 만든 구슬)을 모두 섞어 놓는다. 이 5개의 나무 구슬 중 유일하게 강한 향이 나는 구슬을 누가 찾아낼 수 있을까?' '누가 성공할 수 있을까?'와 같은 질문을 던지며 놀이를 진행한다.
놀이 응용	① 구슬의 냄새를 맡은 후 그 구슬을 굴려서 다음 아동에게 전달해 준다. 이때 /ㅁ/ 소리를 힘께 낸다. ② 기는 자세에서 구슬을 코로 움직인다.
놀이 목적	■ 처음으로 냄새 맡기 경험을 집중적으로 한다. ■ 코의 기능을 의식적으로 체험한다. ■ 후각으로 사물을 구별하는 능력을 훈련한다. ■ 입 다물기 훈련 ■ 집중력과 지구력 훈련
참고 사항	이 놀이는 특히 초보자에게 적합하다. 그룹 치료에도 적용가능하다.
놀이 자세와 태도	이 놀이는 원칙적으로 책상에서 실시하지만, 바닥에 앉거나 기는 자세로도 할 수 있다.
주의 사항	없음

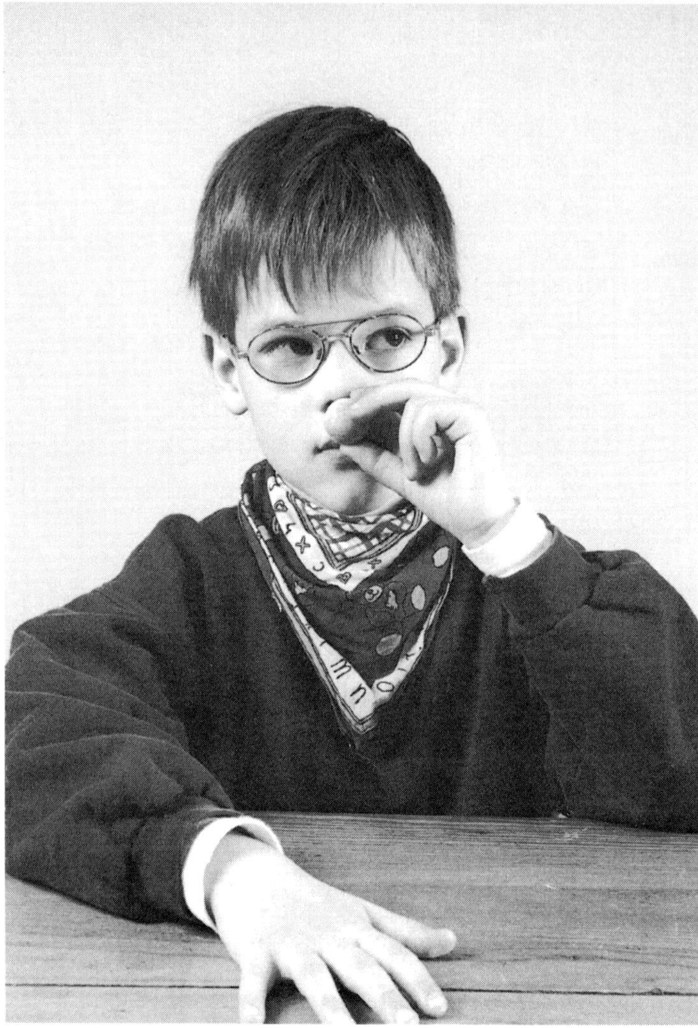

'향이 나는 구슬' 놀이를 하고 있는 아동

나무로 만든 구슬(혹은 솜으로 만든 구슬)을 콧구멍 앞에 대고 냄새를 맡는다.
구슬에 미리 향이 나는 오일을 몇 방울 떨어뜨려 놓는다.

4 향이 나는 밴드

놀이 이름	향이 나는 밴드
준비물	참가 아동 수만큼 향이 나는 오일(149쪽 참조)을 떨어뜨린 섬유 밴드
사전 준비	없음

놀이 규칙	향이 나는 오일을 섬유 밴드에 떨어뜨린다. 각 아동에게 섬유 밴드를 붙여 준다. 밴드 냄새를 맡으면서 숨을 들이마시는 놀이규칙을 정한다.
놀이 응용	① 입 다물기를 강화시키기 위해 숨을 내쉴 때에 /ㅁ/ 소리를 내게 한다. ② 모든 불기 놀이 시 놀이규칙을 정해 향이 나는 밴드를 계속 사용할 수 있다. 이것을 통해 과호흡을 예방할 수 있다.
놀이 목적	■ 특히 상비도를 활성화시킴(위콧길, 28쪽 참조) ■ 후각 훈련 ■ 냄새 맡기 경험을 집중적으로 한다(들이마시는 공기 통로 체험). ■ 호흡 근육의 강화 ■ 지속적인 입 다물기 훈련 ■ 집중력과 지구력 훈련
참고 사항	이 놀이는 초보자를 위한 놀이로 2명 혹은 소그룹으로 이루어진 치료 상황에 적합하다. 아동이 공을 치면서 비강호흡을 일정하게 유지하지 못하고, 구강호흡과 비강호흡을 교대로 하는 경우 이 놀이를 추가적으로 할 수 있다.
놀이 자세와 태도	이 놀이는 서서 할 수 있다. 몸을 똑바로 세우면 주요 호흡 근육으로서의 횡격막이 더욱 이상적인 기능을 할 수 있다.
주의 사항	아동이 벌린 입을 통해 숨을 들이마시고 냄새를 맡는 것처럼 보일 수 있으므로 놀이 규칙을 명확히 정해 놀이가 구체적으로 수행될 수 있도록 주의하여야 한다.

'향이 나는 밴드' 놀이를 하고 있는 아동

향이 나는 밴드를 아동의 손등에 붙인다. 밴드에 향이 나는 오일을 몇 방울 떨어뜨린다.

5 코 형사

놀이 이름	코 형사
준비물	강한 냄새가 나는 향(149쪽 참조)
사전 준비	없음

놀이 규칙	놀이 시작 전에 강한 냄새가 나는 향을 치료실 어딘가에 숨겨 놓는다. 아동의 나이와 학년의 정도에 따라 언어적 단서(예를 들면, '추워!' 혹은 '따뜻해!')를 사용하여 숨겨놓은 향을 찾는 일을 더욱 쉽게 할 수 있다. 풍기는 향을 성공적으로 찾을 수 있도록 아동에게 향이 나는 대상물에 대해 설명을 해 줄 수도 있다.
놀이 응용	아동은 흥얼거리며 치료실 안을 이리저리 돌아다닌다. 들이마시는 공기가 더 잘 확인되도록 이때 입은 다물고 있어야 한다(49쪽 참조).
놀이 목적	■ 후각 훈련 ■ 냄새 맡기 경험을 집중적으로 한다. ■ 코의 기능을 의식적으로 체험한다. ■ 후각으로 사물을 구별하는 능력을 훈련한다. ■ 움직일 때 입 다물기 훈련 ■ 집중력과 지구력 훈련
참고 사항	이 놀이는 초보자도 할 수 있지만, 이미 '후각 경험'을 한 아동의 경우 이 놀이를 더 잘 수행할 수 있다.
놀이 자세와 태도	이 놀이는 아동이 치료실 안 여기저기를 돌아다니면서 이루어지므로 치료실 전체를 대상으로 한다(움직임을 통해 호흡 촉진).
주의 사항	아동이 강한 냄새가 나는 향을 집중적으로 긴 시간 찾고 있음에도 찾지 못할 경우, 아동은 물건을 찾기 위해 더 많은 언어적 단서가 필요하다. 이것을 대비해 놀이 시작 전에 아동에게 찾아야 될 물건에 대해 설명을 해 준다.

6 도대체 무슨 냄새지?

놀이 이름	도대체 무슨 냄새지?
준비물	여섯 가지의 다른 향(각각 2회씩 사용됨, 향이 나는 오일이 아니라, 카밀레차, 비누 등), 필름 통 12개, 필름 통 6개를 막을 솜
사전 준비	향이 나는 재료를 필름 통에 넣어둔다. 아동이 보지 못하도록 6개는 막아 둔다.

놀이 규칙	12개 필름 통에서(6개는 볼 수 있고, 6개는 솜으로 막아 두어 볼 수 없음) '같은 향이 나는 통'을 찾는다(시각적이고 후각적 분류).
놀이 응용	향이 나는 재료 수를 늘릴 수 있다. 서로 다른 향을 얼마나 많이 찾아내는지는 아동의 나이와 집중력에 달려 있다.
놀이 목적	■ 특히 상비도를 활성화시킴(위콧길, 28쪽 참조) ■ 숨을 들이마시는 공기 통로 체험 ■ 종류가 다양한 냄새 감지 훈련 ■ 후각 기억력 훈련 ■ 상이한 냄새를 구분하는 방법 배우기 ■ 향을 찾을 때 시각적 도움 제시(향에 대한 심상 유지: 연상감을 일깨움) ■ 들숨 근육의 강화 ■ 적극적인 입 다물기 ■ 주의집중력 훈련
참고 사항	대상물과 그 향에 대한 심상을 유지(연상)하는 아동이 이 놀이에 훨씬 유리하다.
놀이 자세와 태도	이 놀이는 앉아서 실시할 수 있다. 이때 앉은 자세가 올바른지 주의해야 한다(46쪽 참조).
주의 사항	아동이 '같은 향이 나는 통'을 찾지 못할 경우 더 다양한 재료를 선택하는 것이 바람직하다.

7 예민한 후각

놀이 이름	예민한 후각
준비물	여섯 가지의 다른 향(하나의 향이 2회씩 사용됨), 필름 통 7개
사전 준비	향이 나는 재료를 필름 통에 넣어 둔다. 아동이 보지 못하도록 모든 필름 통을 덮어 둔다.

놀이 규칙	필름 통 7개 중에서 같은 향이 나는 통을 찾는다.
놀이 응용	향이 나는 재료를 넣은 필름 통의 수를 늘릴 수 있다. 서로 다른 향을 얼마나 많이 찾아내는지는 아동의 나이와 집중력에 달려 있다.
놀이 목적	■ 특히 상비도를 활성화시킴(위콧길, 28쪽 참조) ■ 냄새 맡기 경험을 집중적으로 함(숨을 들이마시는 공기 통로 체험) ■ 종류가 다양한 냄새 감지 훈련 ■ 후각 기억력 훈련 ■ 상이한 냄새를 구분하는 방법 배우기 ■ 들숨 근육의 강화 ■ 적극적인 입 다물기 ■ 주의집중력 훈련
참고 사항	이 놀이는 후각 경험을 전제로 한다.
놀이 자세와 태도	이 놀이는 앉아서 실시할 수 있다. 이때 앉은 자세가 올바른지 주의해야 한다(46쪽 참조).
주의 사항	아동이 같은 향이 나는 통을 찾지 못할 경우 더 다양한 재료를 선택하는 것이 바람직하다. 뿐만 아니라 후각으로 그 차이를 구별할 수 있도록 점차 유사한 향이 나는 재료를 선택한다. 예를 들면, 아동이 카밀레꽃에 대해 전혀 알지 못할 경우 이 놀이를 실시하기 전에 앞서 배운 '도대체 무슨 냄새지?' 놀이를 1회 더 실시하는 것도 좋은 방법이 될 수 있다.

'예민한 후각' 놀이를 하고 있는 아동

안이 보이지 않도록 양념통을 붙인 후 그 안에 향을 넣는다.
냄새를 맡듯이 코로 숨을 들이마신 후 그 향을 알아맞힌다.

8 냄새 맡기 놀이

놀이 이름	냄새 맡기 놀이
준비물	여섯 가지의 다른 향(각각 2회씩 사용됨, 149쪽 참조), 필름 통 12개
사전 준비	향이 나는 재료를 필름 통에 넣어 둔다. 아동이 보지 못하도록 모든 필름 통을 덮어 둔다.

놀이 규칙	필름 통 12개 중에서 같은 향이 나는 통을 찾는다.
놀이 응용	향이 나는 재료를 넣은 필름 통의 수를 늘릴 수 있다. 서로 다른 향을 얼마나 많이 찾아내는지는 아동의 나이와 집중력에 달려 있다.
놀이 목적	■ 특히 상비도를 활성화시킴(위콧길, 28쪽 참조) ■ 집중적인 후각 경험을 함(숨을 들이마시는 공기 통로 체험) ■ 종류가 다양한 냄새 감지 훈련 ■ 후각 기억력 훈련 ■ 상이한 냄새를 구분하는 방법 배우기 ■ 들숨 근육의 강화 ■ 적극적인 입 다물기 ■ 주의집중력 훈련
참고 사항	이 놀이를 초보자에게 적용할 경우, 처음 시작할 때는 향의 수를 적게 하다가 매주 향의 수를 늘리면서 놀이에 변화를 준다.
놀이 자세와 태도	이 놀이는 앉아서 실시할 수 있다. 이때 앉은 자세가 올바른지 주의해야 한다(46쪽 참조).
주의 사항	아동이 여러 가지 향을 전혀 인식하지 못할 수도 있으므로 이런 경우 향 선택을 다양하게 하는 것이 좋다. 놀이를 반복할 경우, 향의 구별을 미묘하게 하고 후각의 질을 점점 더 유사하게 한다.

9 코를 훌쩍거리는 놀이

놀이 이름	코를 훌쩍거리는 놀이
준비물	여러 가지 화장품과 다양한 생필품으로 채운 필름 통
사전 준비	향이 나는 재료를 필름 통에 넣어 솜으로 막아 둔다.

놀이 규칙	아동은 필름 통에 코를 대고 잠깐 냄새를 맡은 후 그것이 욕실에서 사용하는 물건의 냄새인지 아니면 부엌에서 사용하는 물건의 냄새인지 알아맞힌다. ■ 욕실에서 구할 수 있는 물건: 치약, 바디 오일, 향수, 선크림, 비누, 구강세척수, 체취제거제 등 ■ 부엌에서 구할 수 있는 물건: 구운 양파, 식초, 정향, 초콜릿 가루, 국 양념 등
놀이 응용	아동은 향이 나는 물건의 견본을 찾아 원래 통 옆에 갖다 놓는다(선크림 통과 필름 통에 있는 선크림).
놀이 목적	■ 특히 상비도를 활성화시킴(위킷길, 28쪽 참조) ■ 집중적인 후각 경험을 함(숨을 들이마시는 공기 통로 체험) ■ 종류가 다양한 냄새 감지 훈련 ■ 후각 기억력 훈련 ■ 상이한 냄새를 구분하는 방법 배우기 ■ 향을 찾을 때 시각적 도움 제시(냄새와 대상물 분류: 연상) ■ 들숨 근육의 강화 ■ 적극적인 입 다물기 ■ 주의집중력 훈련
참고 사항	대상물을 보고 그 향을 인지하는(연상) 아동이 특히 이 놀이에 유리하다.
놀이 자세와 태도	이 놀이는 앉아서 실시할 수 있다. 이때 앉은 자세가 올바른지 주의해야 한다(46쪽 참조).
주의 사항	없음

10 냄새 로또

놀이 이름	냄새 로또
준비물	여러 가지 화장품과 다양한 생필품으로 채운 필름 통
사전 준비	향이 나는 재료를 필름 통에 넣어 솜으로 막아 둔다. 향이 나는 대상물을 한 카드에 4개씩 넣어 로또 카드를 만들어 놓는다.

놀이 규칙	아동에게 로또 카드를 나누어 준다. 아동은 자기가 갖고 있는 로또 카드에서 볼 수 있는 향을 4개의 필름 통에서 찾는다. 아동은 필름 통에 코를 대고 잠깐 냄새를 맡은 후 그 냄새가 무슨 냄새인지 말을 하고, 각각에 해당하는 그림을 배열한다. ■ 향이 나는 물건 제안(149쪽 참조): 치약, 바디 오일, 향수, 선크림, 비누, 구강세척수, 체취제거제, 볶은 양파, 식초, 정향, 초콜릿 가루, 국 양념, 마늘 가루, 계피대, 커피, 차, 가루 세제, 오렌지 껍질, 밀랍, 카밀레 꽃 등
놀이 응용	아동은 코를 대고 냄새를 맡고 나서 그 향이 나는 물건을 누가 가지고 있는지 묻는다(놀이규칙은 로또와 동일).
놀이 목적	■ 특히 상비도를 활성화시킴(위큇길, 28쪽 참조) ■ 집중적인 후각 경험(숨을 들이마시는 공기 통로 체험) ■ 다양한 종류의 냄새 감지 훈련 ■ 후각 기억력 훈련 ■ 상이한 냄새를 구분하는 방법 배우기 ■ 냄새와 그림카드 연결하기: 연상 ■ 들숨 근육의 강화 ■ 적극적인 입 다물기 ■ 주의집중력 훈련
참고 사항	이 놀이는 앞에 실시한 놀이보다 더 어렵기 때문에 아동은 이미 냄새 맡기 놀이를 해 본 경험이 있어야 한다.
놀이 자세와 태도	이 놀이는 앉아서 실시할 수 있다. 이때 앉은 자세가 올바른지 주의해야 한다(46쪽 참조).
주의 사항	없음

11 냄새 알아맞히기

놀이 이름	냄새 알아맞히기
준비물	여러 가지 화장품과 다양한 생필품으로 채운 필름 통
사전 준비	향이 나는 재료를 필름 통에 넣어 솜으로 막아 둔다.

놀이 규칙	향이 나는 재료를 넣은 필름 통을 준비한다. 한 아동이 필름 통에 코를 대고 냄새를 맡은 후 다른 아동에게 그 냄새를 설명한다. 다른 아동은 재치 있는 질문으로 무슨 냄새인지 알아맞히려고 시도한다.
놀이 응용	아동은 그 냄새를 알아맞히기 위해 다양한 방법을 이용하여 질문한다(예를 들면, 입에 코르크 마개를 물고 질문하거나, 입을 비뚤어지게 하여 묻거나 혹은 할아버지 어투를 사용하여 알아맞힌다).
놀이 목적	■ 특히 상비도를 활성화시킴(위큇길, 28쪽 참조) ■ 집중적인 후각 경험 ■ 후각 기억력 훈련 ■ 상이한 냄새를 구분하는 방법 배우기 ■ 언어 훈련: 낱말 찾기와 문법 ■ 구강 운동(놀이 응용 참조) ■ 주의집중력 훈련
참고 사항	이 놀이는 앞에 실시한 놀이보다 더 어렵기 때문에 아동은 이미 냄새 맡기 놀이를 해 본 경험이 있어야 하며, 여러 가지 향을 알고 있어야 한다.
놀이 자세와 태도	이 놀이는 앉아서 실시할 수 있다. 이때 앉은 자세가 올바른지 주의해야 한다(46쪽 참조).
주의 사항	아동이 냄새를 설명하는 데 어려움을 보일 수 있으므로 아동이 되묻거나 성인의 도움을 받아 이 문제를 해결할 수 있도록 지도한다.

12 냄새 흔적

놀이 이름	냄새 흔적
준비물	세 종류의 아로마 오일(149쪽 참조), 화장지
사전 준비	오일을 화장지에 몇 방울 떨어뜨려(화장지 하나에 한 종류의 오일) '냄새 흔적'을 여러 가지로 만든다.

놀이 규칙	아동이 치료실에 들어오기 전에 미리 화장지에 오일을 몇 방울 떨어뜨려 여러 가지 냄새 흔적을 만들어 놓는다. 아동은 치료실 안을 이리저리 돌아다니며 냄새 흔적을 쫓아가는 시도를 한다. 이 놀이가 끝나면 다음 놀이가 제공된다.
놀이 응용	아무런 냄새가 나지 않는 화장지를 아동에게 나누어 주어 아동을 혼란시킨다.
놀이 목적	■ 상비도를 활성화시킴(위콧길, 28쪽 참조) ■ 집중적인 후각 경험 ■ 다양한 종류의 냄새 감지 훈련 ■ 상이한 냄새를 구분하는 방법 배우기 ■ 들숨 근육의 강화 ■ 움직임을 통해 호흡 촉진 ■ 적극적인 입 다물기 ■ 주의집중력 훈련
참고 사항	이 놀이는 앞에 실시한 놀이보다 더 어렵기 때문에 아동은 이미 냄새 맡기 놀이를 해 본 경험이 있어야 하며, 여러 가지 향을 알고 있어야 한다.
놀이 자세와 태도	이 놀이는 아동이 걷고, 기고, 뛰고, 살금살금 걷기도 하는 등 움직이면서 실시된다.
주의 사항	아동이 냄새 흔적을 찾지 못하여 실망할 경우 향이 나는 재료 수를 줄이는 것이 좋다. 그리고 후각신경의 과잉자극이 나타나므로 너무 오랫동안 놀이를 진행하지 않도록 한다.

2) 빨기

-들숨 기능-

빨아들이다
(액체 혹은 '동물 꼬리 잡기' 놀이)

빨기는 매개체(빨대)를 통한 집중적인 들숨훈련이며, 그 결과 빨기 과정이 완료될 때까지 숨을 들이마시는 긴장이 지속된다.

빨아 붙이다
(종이를 입에 대고 빨다)

출처: Struck(1997).

(1) 빨기 놀이 방법

[1] 빨기를 습득하기 위한 방법

빨기를 통해 호흡 기능을 촉진시키기 위한 사전 단계로 쩝쩝거리며 들이마시는 것을 들 수 있다. 아동이 가지고 노는 인형에게 무엇인가를 주면서 먹는 시늉을 내는 작은 놀이는 쩝쩝거리며 들이마시는 기능을 의식적으로 만들 수 있다.

다음 단계는 아래와 같다.

- 병마개에 액체 종류를 채워 참가 아동에게 빨대(지름 4mm)로 이 액체를 빨아 마시도록 하는 것이다. 마개가 들릴 때까지 들이마시는 행동을 유지한다.
- 이 동작을 몇 번 반복하고 난 뒤 바로 빨기 놀이를 제공한다.

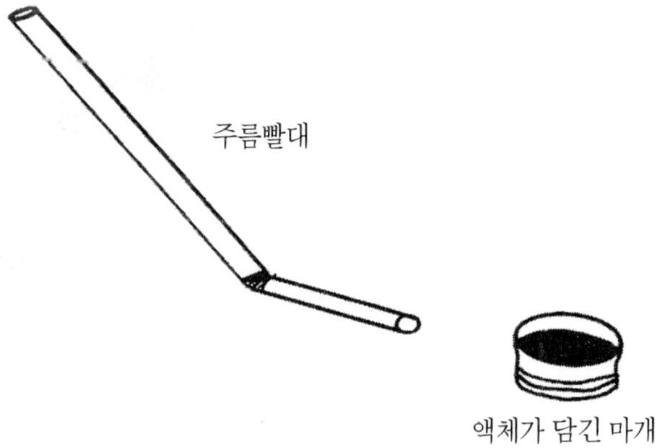

경험에 따르면, 빨아 마시거나 입에 대고 빨거나 하는 행동은 4세부터 가능하다!

빨기의 사전 준비로 입 모양을 /f/로 하고 소리를 내며 숨을 들이마시는 연습을 한다. 또는 뜨거운 물을 조금씩 소리 내며 마시는 것과 같은 연습을 해 볼 수도 있다.

2 빨기 놀이에 필요한 준비물

- 판지로 만든 관: 길이 약 25cm, 지름 약 2.5cm
- 두루마리 화장지 내지: 지름 약 4cm
- 몇 가지 고무호스(수족관 판매점): 지름 1cm 혹은 더 긴 것

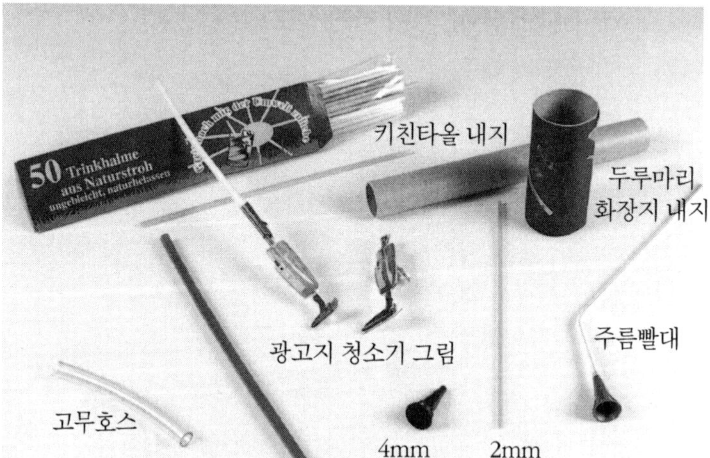

빨기 재료

- 몇 가지 빨대(슈퍼마켓): 지름 약 6mm
- 주름빨대(슈퍼마켓): 지름 약 4mm
- 아주 가는 빨대(슈퍼마켓): 지름 약 2mm
- 검이경 팁(의료기기 판매점, 지름 4mm): 이것을 주름 빨대 쪽의 끝에 꽂는다(길이가 짧은 쪽).

빨기에 필요한 준비물의 지름이 두꺼우면 두꺼울수록 입에 대고 빠는 동작은 더 쉬워진다.

참조

빨기 시 사용되는 몇 가지 준비물(예를 들면, 콩, 너무 가는 실 등)의 경우 기식음화가 될 우려가 있으므로 주의한다.

(2) 빨기 놀이

1 실 빨아들이기

놀이 이름	실 빨아들이기
준비물	여러 가지 실(펄론, 모, 면), 주름빨대
사전 준비	준비물을 책상 위에 올려놓는다.

놀이 규칙	주름빨대의 짧은 쪽 끝으로 여러 가지 실을 빨아들이는 동작을 취한다. 실 굵기가 충분히 굵은 것을 선택하고 기식음화가 되는 것을 막기 위해 실 끝에 매듭을 짓는다. 아동이 빨대로 실을 빨아 통이나 바구니에 옮겨 담는다. 빨기 과정은 치료사와 아동이 사전에 정해 놓은 위치로 실을 옮겨 담을 때까지 지속된다. 실로 뱀도 표현할 수 있다.
놀이 응용	길이 약 10cm의 굵은 펄론 끈을 빨아들이는 훈련을 한다(뱀을 상상해 본다). 빨대를 통해 빨아들인 끈을 강하게 숨을 내쉬면서 내뱉는다. 이 놀이의 목표는 바닥에 있는 접시에 빨아들인 끈을 떨어뜨리는 것이다. 누가 이것을 해낼 수 있을까?
놀이 목적	■ 들숨 근육의 강화 ■ 횡격막 활성화의 증진(긴장 유지) ■ 빨아들이기를 통한 호흡 기능의 습득 ■ 전체 구강 운동 근육의 활성화 ■ 놀이 응용에서처럼 흡입과 방출의 원리 습득 ■ 주의집중력 강화 ■ 전체 신체 긴장의 호전(특히 저긴장을 보이는 아동의 경우)
참고 사항	이 놀이는 초보자에게 적합하다. 초보자는 이 놀이를 통해 빨아들이는 흡기 기능을 아주 잘 습득할 수 있다. 주름빨대의 긴 쪽을 입에 물어야 한다. 그렇지 않으면 기식음화가 될 위험이 있다. 실의 길이는 최대 4~10cm 정도가 좋고 너무 가는 것은 피한다.
놀이 자세와 태도	이 놀이는 이상적인 신체 긴장과 신체 자세를 유지하기 위해 서서 하거나 걸으면서 할 수 있다. 특히 위에 설명한 응용 놀이를 이용하여 흥미진진한 다른 놀이를 발전시킬 수 있다.
주의 사항	없음

2 낚시꾼의 행운

놀이 이름	낚시꾼의 행운
준비물	주름빨대, 약 4cm 길이의 면실을 붙인 마분지 물고기(10cm)
사전 준비	마분지로 만든 물고기는 면사로 마무리를 하여 실 끝에 매듭을 지어 책상 위에 놓아둔다(이때 실을 자유롭게 흩어 놓는 것이 중요하다).

놀이 규칙	'낚시꾼(아동)'은 물고기에 달린 면사를 빨대로 빨아들여 물고기를 잡고, 잡은 물고기를 호숫가로 옮긴다. 만약 아동이 옮기는 도중 물고기를 떨어뜨리면 다음 아동이 차례가 된다.
놀이 응용	① 아동은 주름빨대로 물고기를 빨아 물고 한 책상에서 다음 책상으로 움직인다(소위 '호숫가'는 '호수'와 바로 인접해 있지 않다). 이것은 신체 긴장을 증가시키고, 들숨 근육을 더 훈련시키는 결과를 가져온다(움직임에 의한 호흡 촉진). ② 놀이 시작 전에 물고기 밑에 숫자나 낱글자를 적어 놓는다. 낚은 물고기를 돌려서 거기에 적혀 있는 숫자나 낱글자로 시작하는 낱말 말하기를 할 수 있다.
놀이 목적	▪ 들숨 근육의 강화 ▪ 횡격막 활성화의 증진 ▪ 입 다물기 훈련 ▪ 인두 근육의 활성화 ▪ 연구개 근육의 활성화 ▪ 연구개 운동성 ▪ 혀 근육의 긴장 조성 ▪ 빨아들이기를 통한 호흡 기능의 습득 ▪ 주의집중력 강화
참고 사항	이 놀이는 초보자에게 적합하다. 마분지로 만든 물고기가 너무 크거나 무거우면 안 된다.
놀이 자세와 태도	이 놀이는 책상에서 실시할 수 있다. 이때 앉은 자세가 자연스러운지 살펴보아야 한다. 아동은 물고기를 빨아들이기 위해 일어서도 괜찮다.
주의 사항	아동은 면사를 빨아 마시면 안 된다. 169쪽에 나와 있는 빨기를 습득하기 위한 방법을 참조하기 바란다.

3 동물 꼬리 잡기

놀이 이름	동물 꼬리 잡기
준비물	4cm 길이의 실로 꼬리를 만들어 붙인 동물 아동 수만큼의 주름빨대
사전 준비	동물을 책상 위에 준비해 둔다.

놀이 규칙	동물 꼬리 부분을 빨대로 빨아들인다. 빨기 동작은 빨아들인 동물을 사전에 정해 놓은 위치로 옮길 때까지 유지한다.
놀이 응용	① 각 동물의 위치가 정해져 있으며 각 동물마다 파트너가 있다. 해당 동물 꼬리를 빨대로 빨아 책상에서 각 파트너에게 옮긴다. ② 아동이 동물 꼬리를 빨아들이는 동안 다른 아동은 그 동물의 소리를 흉내 낸다.
놀이 목적	■ 들숨 근육의 강화 ■ 횡격막 활성화의 증진(긴장 유지) ■ 빨아들이기를 통한 호흡 기능의 습득 ■ 인두 근육의 활성화 ■ 연구개 근육의 활성화 ■ 연구개 운동성 ■ 구강 운동에 관여하는 전체 근육의 활성화 ■ 동물 소리 흉내 내기 ■ 주의집중력 강화 ■ 전체 신체의 긴장 증진(특히 저긴장을 보이는 아동의 경우)
참고 사항	이 놀이는 그룹치료에 적합하다. 이 놀이를 통해 아동은 자신이 아주 강하고, 동물 꼬리를 빨아들일 수 있고, 심지어 동물을 들어 올릴 수 있음을 체험한다.
놀이 자세와 태도	이 놀이는 책상에서 실시할 수 있다. 이때 앉은 자세가 자연스러운지 살펴보아야 한다. 또한 움직이면서도 이 놀이를 실시할 수 있다. 아동은 자기가 빨아 문 동물 꼬리를 입에 물고 기어 다니거나 뛰어다닐 수도 있다.
주의 사항	아동이 빨아들이기 위한 흡기 기능을 아직 제대로 습득하지 못한 경우, 169쪽에 나와 있는 빨기를 습득하기 위한 방법을 참조하기 바란다.

'동물 꼬리 잡기' 놀이를 하고 있는 아동

아동은 빨대로 동물 꼬리를 빠는 훈련을 한다.

동물을 옮긴다.

4 가방 꾸리기

놀이 이름	가방 꾸리기
준비물	주름빨대, 옷을 입힐 수 있는 종이로 만든 인형, 작은 상자('가방' 역할)
사전 준비	인형에게 입힐 옷을 책상 위에 준비해 놓는다. 아동 수만큼 가방과 빨대를 준비한다.

놀이 규칙	시작 신호와 함께 아동은 빨대를 이용하여 인형의 옷을 주워 자기 가방에 옮겨 놓는다. 모든 옷 조각을 다 주운 후에 각 아동은 자기 '가방'의 내용물을 명명한다.
놀이 응용	① 아동은 주사위를 던져 나온 수만큼만 옷을 빨대로 줍는다. ② 아동의 가방을 책상 위에 두지 않고 책상 가까이에 놓아서 옷 조각을 옮겨 놓도록 한다. ③ '나는 내 가방을 꾸린다'와 같은 놀이규칙으로 마지막으로 명명한 옷 조각을 아동이 빨대로 줍는다.
놀이 목적	■ 들숨 근육의 강화 ■ 횡격막 활성화의 증진 ■ 인두 근육의 활성화 ■ 연구개 근육의 활성화 ■ 연구개 운동성 ■ 혀 근육의 긴장 조성 ■ 빨아 붙이기를 통한 들숨 기능의 습득 ■ 속도 훈련(놀이 규칙 참조) ■ 언어적 촉진(문장 구성/문법) ■ 주의집중력 훈련
참고 사항	이 놀이는 초보자 놀이에 적합하다. 언어 훈련과 결합하여 이 놀이를 진행할 수 있다.
놀이 자세와 태도	이 놀이는 책상에서 실시할 수 있다. 이때 앉은 자세가 자연스러운지 살펴보아야 한다. 인형에게 입힐 옷 조각을 줍기 위해서 아동이 일어서도 된다.
주의 사항	아동이 옷 조각을 빨대로 주울 수 없는 경우에는 다음과 같이 한다. ① 종이 부분을 작게 한다. ② 좀 더 가벼운 재료(꽃 모양의 얇고 투명한 종이)를 이용하여 똑같이 옷 조각을 만든다.

5 콩 줍기

놀이 이름	콩 줍기
준비물	주름빨대, 콩 응용: 주사위
사전 준비	콩을 접시에 담아 책상 위에 둔다. 아동은 각자 자기 빨대가 필요하므로 아동의 수만큼 빨대를 준비한다.

놀이 규칙	시작 신호와 함께 아동은 빨대를 이용하여 원하는 만큼 많은 콩을 주워 정해진 위치로 옮긴다. 기식음을 막기 위해 콩은 빨대 지름보다도 더 커야 한다.
놀이 응용	① 아동은 주사위를 던져 나온 수만큼만 콩을 빨대로 줍는다. ② 사전에 정해 놓은 위치까지 콩을 옮긴다. 빨대에서 콩을 떨어뜨리지 않고 누가 잘 옮길 수 있을까? ③ 콩 심기 놀이: 콩을 빈 초콜릿 과자 상자에 넣어 초콜릿 과자 봉지로 덮는다(초콜릿 과자 봉지는 흙을 상징).
놀이 목적	■ 들숨 근육의 강화 ■ 횡격막 활성화의 증진 ■ 인두 근육의 활성화 ■ 연구개 근육의 활성화 ■ 연구개 운동성 ■ 혀 근육의 긴장 조성 ■ 빨아 붙이기를 통한 들숨 기능의 습득 ■ 속도 훈련(놀이 규칙 참조) ■ 주의집중력 훈련
참고 사항	이 놀이는 초보자 놀이에 적합하다.
놀이 자세와 태도	이 놀이는 책상에서 실시할 수 있다. 이때 앉은 자세가 자연스러운지 살펴보아야 한다. 콩을 빨대로 줍기 위해 일어서도 된다.
주의 사항	아동이 콩을 빨대로 주울 수 없는 경우에는 다음과 같이 한다. ① 다양한 색상의 종잇조각 같은 가벼운 재료를 제공한다. ② 완전히 다른 놀이를 제공한다.

6 청소기 놀이

놀이 이름	청소기 놀이
준비물	주름빨대, 검이경 팁, 광고지에 나와 있는 '청소기 그림', 클립과 종잇조각
사전 준비	검이경 팁을 이용한 빨대에 청소기 그림을 클립으로 고정시킨다. 종잇조각은 책상 위에 뿌려 놓는다.

놀이 규칙	아동은 청소기로 종잇조각을 빨아 붙인다.
놀이 응용	종잇조각 대신에 마분지나 랩 등을 사용하여 빨아들이는 연습을 할 수 있다.
놀이 목적	■ 들숨 근육의 강화 ■ 횡격막 활성화의 증진 ■ 인두 근육의 활성화 ■ 연구개 근육의 활성화 ■ 연구개 운동성 ■ 혀 근육의 긴장 조성 ■ 빨아 붙이기를 통한 들숨 기능의 습득 ■ 주의집중력 훈련
참고 사항	이 놀이는 초보자 놀이에 적합하다. 이 놀이의 경우 승자도 패자도 없다.
놀이 자세와 태도	이 놀이는 책상에서 실시할 수 있다. 이때 앉은 자세가 자연스러운지 살펴보아야 한다. 종잇조각을 빨아 붙이기 위해서 일어서도 된다.
주의 사항	아동이 종잇조각을 빨아 붙일 수 없는 경우에는 다음과 같이 한다. ① 꽃 모양의 얇고 투명한 종이를 사용한다. ② 먼저 빨아 붙이는 동작을 습득하게 하는 것이 바람직하다.

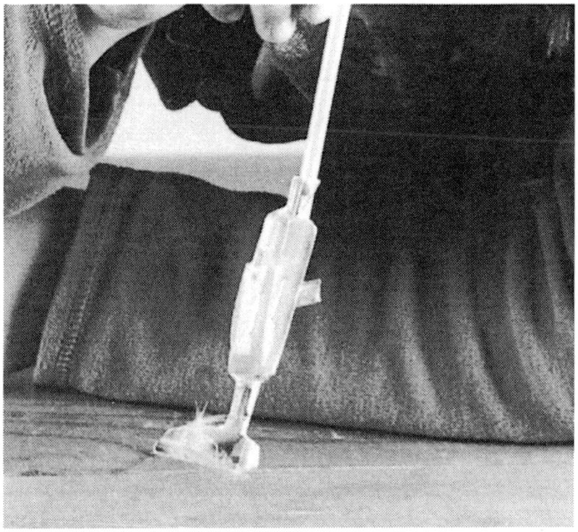

광고지에 나와 있는 '청소기 모델'

'청소기' 놀이를 하고 있는 아동
아동은 먼지(종잇조각)를 빨대로 빨아 붙인다.

7 빨아 붙여서 뱉어 내기

놀이 이름	빨아 붙여서 뱉어 내기
준비물	몇 가지 종잇조각, 경우에 따라 입 모양의 형상(변화된 모형과 활용 자료는 부록 2 참조)
사전 준비	종잇조각을 책상 위에 흩어 놓는다.

놀이 규칙	여러 가지 종잇조각을 입으로 흡입하여 잠시 유지하다가 강하게 숨을 내쉬면서(입으로 숨을 내쉬면서 밀어낸다) 멀리 뱉어 낸다. 얼마나 멀리 종잇조각을 날릴 수 있을까? 종잇조각이 날아간 거리를 재어 기록한다.
놀이 응용	① 종잇조각 대신에 랩, 마분지, 판지도 흡입하였다가 내뱉기 전에 거울 앞에서 자신을 관찰한다. ② 여러 가지 입 모양을 그려서 자른다. 자른 것을 흡입하고 내뱉기 전에 거울 앞에서 자신을 관찰한다.
놀이 목적	■ 들숨 근육의 강화 ■ 횡격막 활성화의 증진(긴장 유지) ■ 빨아 붙이기와 내뱉기를 통한 호흡 기능 습득 ■ 인두 근육의 활성화 ■ 연구개 근육의 활성화 ■ 연구개 운동성 ■ 구강 운동에 관여하는 전체 근육의 활성화 ■ 의식적인 신체 인지 훈련 ■ 주의집중력 훈련 ■ 전체 신체의 긴장 증진(특히 저긴장을 보이는 아동의 경우)
참고 사항	아동은 위생적 이유에서 각자 자신의 종잇조각이나 입 모양의 형상을 흡입하는 것이 중요하다. 이 놀이는 이미 빨기 과정을 습득한 아동에게 적합하다. 흡입과 얼마 후 다시 공기를 내뱉는 협응 과정은 많은 신체 의식이 필요하다.
놀이 자세와 태도	이 놀이는 책상에서 실시할 수 있다. 이때 앉은 자세가 자연스러운지 살펴보아야 한다. 아동은 일어서도 무방하며, 종잇조각을 흡입하여 다른 위치로 옮길 수도 있다.
주의 사항	빨기 과정이 어떻게 이루어지는지 아동이 알지 못할 경우, 169쪽에 나와 있는 빨기 과정을 습득하기 위한 방법을 참조하기 바란다.

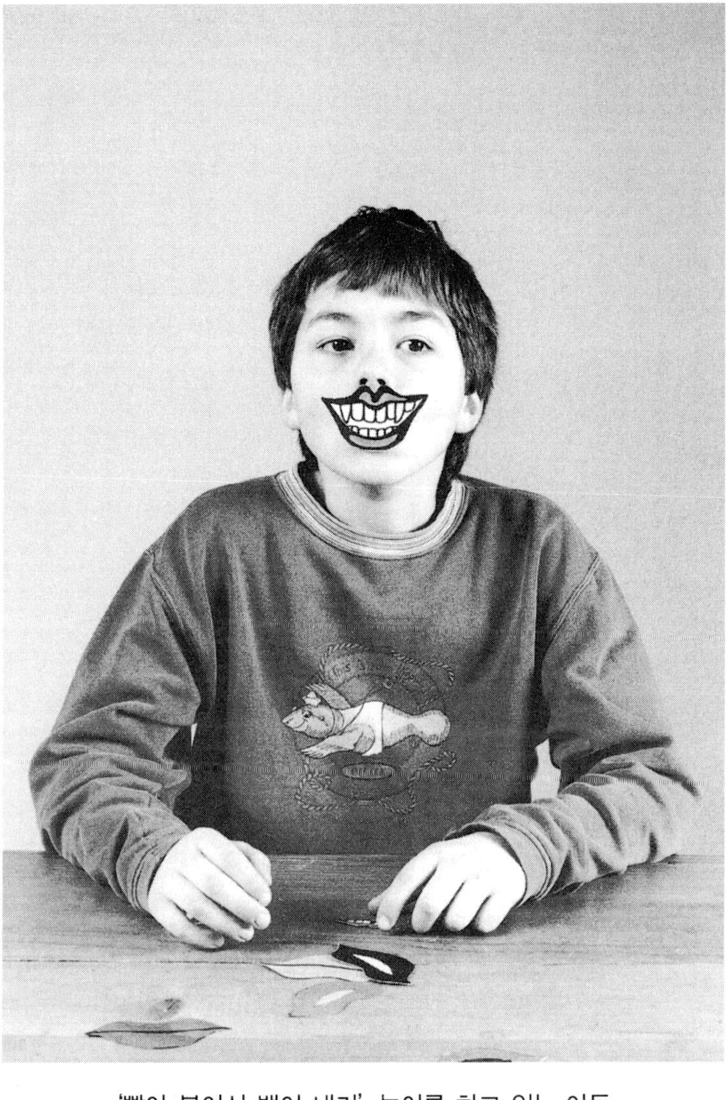

'빨아 붙여서 뱉어 내기' 놀이를 하고 있는 아동

아동이 입 모양의 형상(부록 2 참조)을 빨아 붙이고 있다.

8 메모리 게임

놀이 이름	메모리 게임
준비물	주름빨대, 검이경 팁, 나뭇조각 16개 및 스티커 8쌍
사전 준비	스티커 1장씩을 나뭇조각 위에 붙인다. 나뭇조각을 뒤집어서 책상 위에 둔다.

놀이 규칙	원칙적으로 메모리 게임과 동일하지만 나뭇조각을 손으로 뒤집지 않고 주름빨대와 검이경 팁을 이용해서 뒤집는 것이 다르다.
놀이 응용	나뭇조각의 크기를 다르게 할 수 있다(지름 2~5cm). 나뭇조각의 수를 상황에 따라 조절할 수 있다.
놀이 목적	■ 들숨 근육의 강화 ■ 횡격막 활성화의 증진 ■ 인두 근육의 활성화 ■ 연구개 근육의 활성화 ■ 연구개 운동성 ■ 혀 근육의 긴장 조성 ■ 빨아 붙이기를 통한 들숨 기능의 습득 ■ 기억력 훈련 ■ 주의집중력 훈련
참고 사항	아동은 이미 빨기 과정을 습득한 상태여야 하고, 빨대를 나뭇조각 가운데 갖다 댈 정도의 수행 능력을 갖추고 있는 것이 좋다.
놀이 자세와 태도	이 놀이는 책상에서 실시할 수 있다. 이때 앉은 자세가 자연스러운지 살펴보아야 한다. 나뭇조각을 빨아 붙이기 위해 아동이 일어서거나 혹은 무릎을 꿇는 자세를 취해도 된다.
주의 사항	아동이 나뭇조각을 빨대로 빨지 못할 경우, 나뭇조각 대신에 둥근 커피필터를 선택해서 놀이 시작 전에 스티커를 붙여 준비해 둔다.

'메모리 게임' 놀이를 하고 있는 아동

검이경 팁을 고정시킨 빨대를 이용해서 작은 나뭇조각(지름 2cm)을 흡입한다.

9 빨기 메모리 게임

놀이 이름	빨기 메모리 게임
준비물	빨대(지름 6mm), 아동의 능력에 따라 8쌍의 동물과 커피필터 16개
사전 준비	커피필터 밑에 동물을 하나씩 숨겨 놓는다.

놀이 규칙	아동은 빨대로 필터 2개를 차례로 빨아 붙인다. 다른 놀이 규칙은 메모리 게임과 같다.
놀이 응용	① 필터를 빨아 붙이는 것이 아동에게 어려울 경우, 지름이 더 두꺼운 빨기 도구를 사용하거나 더 작은 필터를 사용하는 것이 좋다. ② 읽기가 가능한 아동을 위한 메모리 게임: 한 필터 밑에는 동물 그림을, 다른 필터 밑에는 동물 이름을 적은 낱말카드를 숨겨 놓는다.
놀이 목적	■ 들숨 근육의 강화 ■ 횡격막 활성화의 증진 ■ 입 다물기 훈련 ■ 인두 근육의 활성화 ■ 연구개 근육의 활성화 ■ 연구개 운동성 ■ 혀 근육의 긴장 조성 ■ 빨아 붙이기를 통한 들숨 기능의 습득 ■ 기억력 훈련 ■ 주의집중력 훈련
참고 사항	이 놀이는 초보자에게 적합한 놀이다. 물론 아동이 빨아 붙이기를 통한 들숨 기능을 숙달한 상태여야 하고, 빨대를 필터 가운데 갖다 댈 정도의 수행 능력을 갖추고 있으면 좋다.
놀이 자세와 태도	이 놀이는 책상에서 실시할 수 있다. 이때 앉은 자세가 자연스러운지 살펴보아야 한다. 필터를 빨아 붙이기 위해 아동이 일어서거나 무릎을 꿇는 자세를 취해도 된다.
주의 사항	아동이 필터를 빨대로 빨아 붙이는 데 어려움을 보일 경우, 필터 대신에 성냥갑 안쪽 부분을 사용할 수 있다. 성냥갑은 빨대를 사용하기 적합한 좀 더 큰 접촉면을 가지고 있다.

10 그림낱말카드 빨아 붙이기

놀이 이름	그림낱말카드 빨아 붙이기
준비물	그림과 낱말이 있는 카드, 아동 수만큼의 빨기 도구(170쪽 참조)
사전 준비	책상 위에 그림과 낱말이 보이지 않게 카드를 뒤집어 놓는다.

놀이 규칙	아동은 자기의 빨기 도구를 이용하여 카드를 빨아 붙인다. 놀이규칙은 메모리 게임과 동일하며, 낱말과 해당 그림이 각각 짝을 이룬다. 아동의 능력과 지구력에 따라 놀이 시작 전에 카드 수를 선택할 수 있다.
놀이 응용	① 카드 대신에 낱말 놀이에 사용되는 다른 도구를 사용할 수 있다(예를 들면, 나무, 플라스틱 등). ② 이 놀이는 낱말과 그림을 종이에 붙여 스스로 만들어 사용할 수 있다. 컴퓨터 프로그램을 이용하여 만들 수도 있다.
놀이 목적	■ 들숨 근육의 강화 ■ 횡격막 활성화의 증진(긴장 유지) ■ 인두 근육의 활성화 ■ 연구개 근육의 활성화 ■ 연구개 운동성 ■ 구강 운동에 관여하는 전체 근육의 활성화 ■ 기억력 훈련 ■ 주의집중력 훈련 ■ 전체 신체의 긴장 증진(특히 저긴장을 보이는 아동의 경우)
참고 사항	아동은 글자를 미리 알고 있어야 한다.
놀이 자세와 태도	이 놀이는 책상에서 실시할 수 있다. 이때 앉은 자세가 자연스러운지 살펴보아야 한다.
주의 사항	놀이가 너무 오래 지속되면 집중력이 저하되므로 처음부터 모든 낱말을 사용하지 않도록 한다.

11 코 흡입기

놀이 이름	코 흡입기
준비물	얇고 투명한 종이, 상자, 동물카드, 가위
사전 준비	얇고 투명한 종이를 이용하여 동물 모양을 오린다.

놀이 규칙	동물 모양을 잘라 책상 위에 놓아둔다. 아동이 동물 하나를 자기 손바닥 위에 가져가 이것을 코로 빨아 붙인다. 아동이 동물 하나를 코로 빨아 붙여 그 동물을 미리 정해 놓은 위치에 갖다 놓는다.
놀이 응용	① 미리 정해 놓은 위치에 동물을 모은다. 누가 빠른지 내기를 할 수 있다. ② 동물 그림 뒤쪽에 점수를 적어 놓는다. 아동이 동물을 빨아 붙인 후에 그 점수를 보고 기록한다.
놀이 목적	■ 들숨 근육의 강화 ■ 코로 빨아 붙일 수 있음을 체험 ■ 횡격막 활성화의 증진 ■ 인두 근육의 활성화 ■ 연구개 근육의 활성화 ■ 연구개 운동성 ■ 구강 운동에 관여하는 전체 근육의 활성화 ■ 주의집중력 훈련 ■ 전체 신체의 긴장 증진
참고 사항	코로 무엇인가를 빨아 붙이는 것은 매우 낯설기 때문에, 이 놀이를 시합으로 진행하기 전에 치료사가 먼저 연습해 보는 것이 좋다.
놀이 자세와 태도	이 놀이는 책상에서 실시할 수 있다. 이때 앉은 자세가 자연스러운지 살펴보아야 한다.
주의 사항	코감기가 있을 경우에는 이 놀이를 피한다.

'코 흡입기' 놀이를 하고 있는 아동

꽃모양의 얇고 투명한 종이로 만든 나비를 코에 붙여 코로 빨아 붙인다.

12 필터 메모리 게임

놀이 이름	필터 메모리 게임
준비물	아동의 수만큼 판지로 만든 관, 둥근 필터(커피 메이커용) 16개, 그림 카드 8쌍
사전 준비	필터 밑에 그림 카드를 하나씩 놓아둔다.

놀이 규칙	아동은 각자 판지로 만든 자기 관을 가지고 필터 2개를 순서대로 빨아 붙인다. 다른 놀이규칙은 우리가 알고 있는 메모리 게임과 같다.
놀이 응용	① 필터를 빨아 붙이는 것이 아동에게 어려울 경우, 필터 대신에 얇고 투명한 종잇조각을 선택한다. ② 필터가 너무 가벼울 경우, 지름이 큰 나뭇조각이 적합하다. ③ 읽기가 가능한 아동의 경우 한 필터 밑에는 그림 카드를, 그리고 다른 필터 밑에는 동물 이름을 적은 낱말 카드를 놓아둔다.
놀이 목적	■ 들숨 근육의 강화 ■ 횡격막 활성화의 증진(긴장 유지) ■ 빨아 붙이는 메커니즘 습득(얇고 투명한 종이처럼 쉬운 것부터 시작하여 상자/나뭇조각과 같이 무거운 순서대로 빨기) ■ 인두 근육의 활성화 ■ 연구개 근육의 활성화 ■ 연구개 운동성 ■ 혀 근육 훈련 ■ 기억력 훈련 ■ 주의집중력 훈련 ■ 전체 신체의 긴장 증진(특히 저긴장을 보이는 아동의 경우)
참고 사항	이 놀이는 초보자에게 적합하다. 두꺼운 판지로 만든 관이 빨아 붙이기 쉽다.
놀이 자세와 태도	이 놀이는 책상에서 실시할 수 있다. 이때 앉은 자세가 자연스러운지 살펴보아야 한다. 필터를 빨아 붙이기 위해 아동이 무릎을 꿇는 자세를 취해도 된다.
주의 사항	빨아 붙이는 과정이 어떻게 일어나는지 아동이 알지 못할 경우 169쪽에 나와 있는 빨기 과정을 습득하는 방법을 참조하기 바란다.

13 알아맞히기 놀이

놀이 이름	알아맞히기 놀이
준비물	아동의 수만큼 검이경 팁을 끼운 빨대, 다양한 그림 카드
사전 준비	검이경 팁을 빨대의 짧은 부분에 꽂아 둔다. 그림 카드는 뒤집어서 책상 위에 놓아둔다.

놀이 규칙	아동은 빨대를 이용하여 그림 카드 한 장을 빨아 붙인다. 다른 아동은 지시하는 그림을 묘사하고, 그것이 무엇인지 밝히지 않는다. 그 그림이 무엇인지 아동이 알아맞힐 경우 빨기 행동을 중단할 수 있다.
놀이 응용	그룹치료의 경우 한 아동이 빨기 동작을 보이면 다른 아동은 언어적 단서를 제시한다. 그리고 다른 아동은 그림 카드를 보지 않고 그것이 무엇인지 알아맞힌다.
놀이 목적	■ 들숨 근육의 강화 ■ 횡격막 활성화의 증진(긴장 유지) ■ 인두 근육의 활성화 ■ 연구개 근육의 활성화 ■ 구강 운동에 관여하는 전체 근육의 활성화 ■ 주의집중력 훈련 ■ 전체 신체의 긴장 증진
참고 사항	이 놀이의 경우 근육의 긴장을 가능한 한 오래 유지하기 위해서 강한 호흡 힘이 필요하다.
놀이 자세와 태도	이 놀이는 책상에서 실시할 수 있다. 이때 앉은 자세가 자연스러운지 살펴보아야 한다.
주의 사항	코감기가 있을 경우에는 이 놀이를 피한다.

14 저기 숨겨져 있는 것이 뭘까요?

놀이 이름	저기 숨겨져 있는 것이 뭘까요?
준비물	아동 수만큼 검이경 팁을 끼운 빨대, 그림 카드, 복사 제시본(부록 1 참조), 주사위 1개
사전 준비	검이경 팁을 빨대의 짧은 부분에 꽂아 놓는다. 사용설명서에 따라 복사 제시본을 준비한다. 그림 카드를 복사 제시본 밑에 놓는다.

놀이 규칙	주사위를 던진다. 검이경 팁을 빨대에 고정시켜 주사위를 던져 나온 수만큼 빨대로 빨아 붙인다. 아동은 그 밑에 깔려 있는 것이 무슨 그림인지 알아맞히려고 시도한다. 알아맞힐 경우에는 밑에 깔린 그림 카드를 갖는다. 만약 아동이 알아맞히지 못할 경우, 빨아 붙인 카드 조각을 다시 제자리에 놓는다. 이어서 다른 아동이 같은 방법으로 놀이를 계속한다.
놀이 응용	아동의 능력에 따라 여러 가지 복사 제시본이 사용될 수 있다.
놀이 목적	■ 횡격막 활성화의 증진(긴장 유지) ■ 인두/연인두 근육의 활성화 ■ 구강 운동에 관여하는 전체 근육의 활성화 ■ 시각적 감각 자극 훈련 ■ 집중력 훈련 ■ 전체 신체의 긴장 증진
참고 사항	이 놀이는 각 아동의 요구에 따라 조절할 수 있다. 아동의 능력, 나이 및 요구에 따라 새로운 모티브나 다른 장면을 가지고 이 놀이를 항상 새롭게 실시할 수 있다.
놀이 자세와 태도	이 놀이는 책상에서 실시할 수 있다. 이때 앉은 자세가 자연스러운지 살펴보아야 한다.
주의 사항	아동이 밑에 깔려 있는 그림 카드를 인식하지 못할 수도 있으므로 놀이 시작 전에 그림 카드를 한 번 쳐다보고 나서 놀이를 실시하면 훨씬 더 쉽게 놀이를 진행할 수 있다.

'저기 숨겨져 있는 것이 뭘까요?' 놀이를 하고 있는 아동

잘라 놓은 수(부록 1 참조)를 액자 틀에 끼워 넣는다. 그 밑에는 그림 카드가 놓여 있다.

2. 날숨 놀이

1) /호/-불기

-날숨 기능-

/호/ 하고 촛불 불어 끄기

/호/ 하고 호흡 조절하여 불기

/호/ 불어 날리기

불어 뒤집기

/호/-불기:

- 소리를 내면서 짧고 끊어지듯이 하는 날숨
- 불기에서 횡격막이 매우 강한 작용을 한다.
- 입술을 둥글게 하여 내뿜는 공기의 흐름이 시간적으로 짧게 내쉬도록 조절한다.

출처: Struck(1997).

(1) /호/-불기 놀이 방법

1 /호/-불기 방법

/호/-불기를 할 때에는 입술을 동그랗게 모으고 가운데로 숨을 내쉬어야 한다. 이때 볼근(buccinator muscle)의 근육작용이 강하게 요구되며, 턱근육(mentalis muscle)도 작용한다. /호/-불기 놀이는 긴장된 턱 근육을 이완시키는데 도움이 되므로, 무엇보다도 턱 근육의 과다긴장을 자주 보이는 아동에게 적합한 놀이다. 놀이 도중에 턱 근육의 과다 긴장이 관찰되면, 놀이 중 잠시 쉴

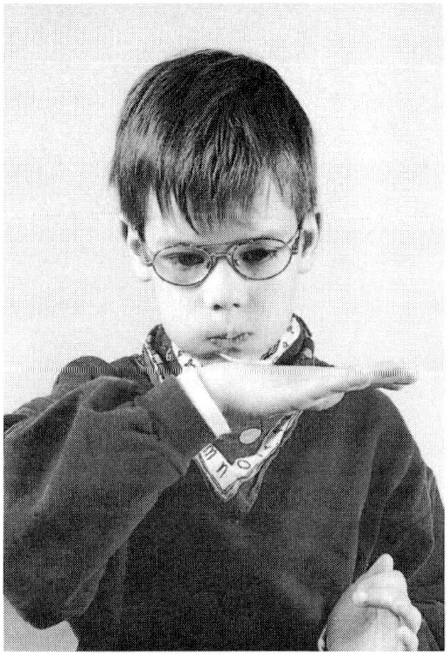

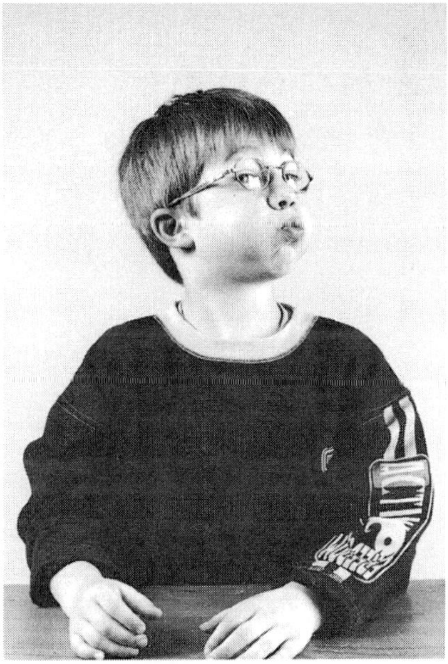

/호/-불기를 하는 아동의 앞모습과 옆모습
볼과 입술, 턱근육의 움직임을 잘 관찰할 수 있다.

때에 턱 근육을 마사지하거나 이완시키는 처치를 할 수 있다. 따라서 놀이 중에 턱 근육을 관찰하는 것이 중요하다.

/호/-불기를 유도하는 몇몇 놀이에서는 빨대를 사용하는 것이 도움이 된다. 아동이 침을 흘리는 경우 지름이 큰 빨대(약 6mm)를 사용하는 것이 도움이 된다.

다음에 소개되는 /호/-불기 놀이는 빨대를 사용하지 않고 부는 것을 목표로 하고 있다. 또한, 쉬운 과제에서 점차 어려운 과제로 구성되어 있으며, 주어진 순서대로 놀이를 실행할 수 있다.

2 /호/-불기 놀이에 사용 가능한 자료

- 꽃, 버찌 씨, 살구 씨(해당 계절에 맞는 것을 선택할 수 있음)
- 작은 돌 조각
- 빨대(지름 2~6mm의 다양한 크기)
- 꼬치
- 모래나 콩 등으로 채운 필름 통
- 탁구 공
- 플라스틱 장난감 자동차
- 비단 천
- 화장지(한 겹짜리가 좋으며, 여러 겹으로 되어 있는 경우 한 겹으로 떼어 낼 것)
- 커피 필터
- 나일론 끈, 혹은 노끈
- 깃털

■ 포장지로 쓰는 얇고 투명한 종이
■ 병뚜껑
■ 솜
■ 면봉
■ 솜털
■ 이쑤시개
■ 양초
■ 스파클 양초
■ 연필
■ 호두 껍데기

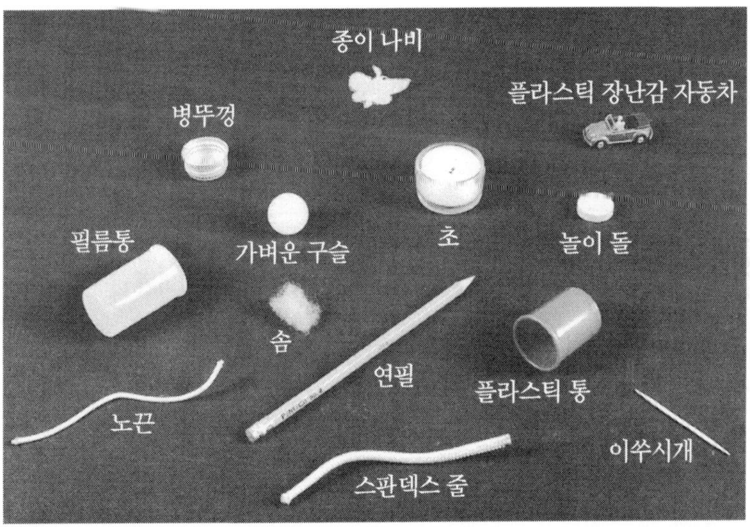

/호/-불기 자료

(2) /호/-불기 놀이

1 씨 뱉기

놀이 이름	씨 뱉기
준비물	버찌 혹은 살구 씨(특정 계절에만 가능)
사전 준비	핵 과일을 준비한다(씨가 큰 과일을 준비할 것).

놀이 규칙	입을 다물고 버찌 혹은 살구를 씹는다. 남은 씨를 힘껏 뱉기 전에 (/음/ 소리를 내면서) 천천히 빨고, 그러고 나서 씨를 강한 날숨으로 멀리 뱉는다. 이 놀이는 야외에서 하는 것이 좋으며, 집에서 연습할 수 있는 과제로도 좋다.
놀이 응용	오목한 접시나 그릇을 준비하여 씨를 뱉어 그릇에 넣는 놀이를 할 수 있다.
놀이 목적	■ 횡격막의 활성화 ■ 역동적 날숨 경험 ■ 자신의 호흡 강도를 인지한다. ■ 구강운동의 숙련도를 향상시킨다. ■ 신체의 긴장도를 증가시킨다.
참고 사항	이 놀이는 야외(테라스, 발코니, 정원 등)에서 하는 것이 좋으며, 반드시 치료 상황에 제한되어 할 필요는 없다. 놀이의 응용에서 씨가 그릇에서 튕겨 나오는 현상이 자주 발생하므로 인내심이 필요한 놀이가 될 수 있다.
놀이 자세와 태도	이 놀이는 서서 하는 것이 좋다.
주의 사항	아동이 알레르기나 취향에 따라 핵 과일을 싫어하는 경우가 있으므로 놀이 시작 전에 이에 대한 정보를 알고 있어야 한다.

2 성냥갑 불기

놀이 이름	성냥갑 불기
준비물	아동마다 빈 성냥갑 1개, 볼 1개씩 준비
사전 준비	없음

놀이 규칙	성냥갑을 입 앞에 놓고, 강하게 불어 성냥갑 안쪽 부분을 밀어내어 목표물인 볼(bowl)에 안착하게 한다. 성냥갑을 살며시 잡아야 하며, 세게 잡을 경우 성냥갑 안쪽 부분이 나오지 않는다는 점에 주의한다.
놀이 응용	놀이 시작 전에 성냥갑에 작은 물건(콩, 성냥, 종잇조각 등)을 채워서 위와 같은 방법으로 놀이를 진행할 수 있다.
놀이 목적	■ 횡격막의 활성화 ■ 날숨 관련 근육 강화 ■ 집중된 강한 날숨의 경험 ■ 날숨이 물건을 움직일 수 있다는 것을 경험하고 느끼게 한다. ■ 입둘레근의 활성화 ■ 입술의 민감도 증가(성냥갑을 에워쌈) ■ 구강운동 능력의 향상 ■ 집중력, 주의력, 지구력 향상 ■ 신체 긴장도 증가
참고 사항	이 놀이는 초보자에게 적합하며, 오랜 기간 실행할 수 있다.
놀이 자세와 태도	이 놀이는 선 자세에서 하며, 이때 자세가 올바른지 주의해야 한다(발이 지면에 닿은 형태, 서 있는 자세).
주의 사항	아동이 성냥갑 안쪽 부위를 밖으로 밀어내지 못할 정도로 날숨이 강하지 못할 경우, 아동의 실패 경험을 줄이기 위해 놀이를 중단한다.

3 고깔불기

놀이 이름	고깔불기
준비물	가는 빨대, 종이 고깔
사전 준비	없음

놀이 규칙	종이로 만든 작은 고깔을 빨대의 한쪽에 끼운다. 입술을 둥글게 모아 빨대를 물고 모두 일어선다. 약속된 신호에 따라 고깔이 날아갈 정도로 모두 힘차게 빨대를 분다. 고깔의 구분을 위해서 아동마다 다른 색의 고깔을 준비하는 것이 좋다. 종이 고깔이 쉽게 망가질 수 있으므로, 놀이를 반복적으로 실행하기 위해서는 고깔을 많이 준비하는 것이 좋다.
놀이 응용	① 이 놀이는 많은 아동의 경쟁 놀이로 적합하다. ② 시작하기 전에 목표와 하는 순서를 미리 정한다. ③ 종이 고깔이 더 이상 못 쓰게 될 경우, 가는 이쑤시개를 빨대에 꽂아 사용할 수 있다. 이 경우는 종이 고깔을 부는 것보다 더 어렵다.
놀이 목적	■ 횡격막의 활성화 ■ 날숨 관련 근육 강화 ■ 구강운동 능력의 향상 ■ 입둘레근의 활성화 ■ 입술의 민감도 증가(빨대를 에워쌈) ■ 집중력, 주의력, 지구력 향상 ■ 신체 긴장도 증가
참고 사항	이 놀이는 짧게 하는 것이 좋으며, 특히 치료 도입부에 하는 것이 좋다. 또한 과제로 내줄 수도 있다.
놀이 자세와 태도	이 놀이는 선 자세에서 하며, 이때 자세가 올바른지 주의해야 한다(발이 지면에 닿은 형태, 서 있는 자세).
주의 사항	종이 고깔에 구멍이 나 있을 경우 날아가지 않는다. 이 경우 새로운 종이 고깔을 사용하거나, 놀이 규칙을 바꿔 이쑤시개를 사용하는 것이 좋다.

4 유령 놀이

놀이 이름	유령 놀이
준비물	주름빨대, 5×5cm 크기의 쿠킹 포일(유령), 유성펜
사전 준비	없음

놀이 규칙	이 놀이는 여러 사람이 같이 하는 것이 좋으며, 놀이 시작 전에 각자 개성 있는 유령분장을 할 것을 추천한다. 쿠킹 포일은 빨대에 뚜껑처럼 씌운다. 유성펜으로 눈, 코, 입 등 얼굴을 그릴 수 있으며, 또한 열쇠다발을 그릴 수도 있다. '시작' 신호에 맞춰 아동은 힘껏 빨대를 불어 유령을 멀리 날린다. 어느 유령이 가장 멀리 날아갔을까요?
놀이 응용	① 쿠킹 포일을 여러 장 겹치거나, 천 등을 이용하여 유령을 더 무겁게 만들 수 있다. 놀이 방법은 위와 같다. ② 아동이 둥글게 모여 앉고, 치료사가 유령 이야기를 들려준다. 이야기 중간에 유령이 날아가는 장면에서 빨대를 꺾어 천장을 향하게 하고 힘껏 불어 유령을 날린다.
놀이 목적	■ 횡격막의 활성화 ■ 날숨 관련 근육 강화 ■ 목표점에 맞는 짧은 날숨의 향상 ■ 소근육 운동 능력 증진('유령' 만들기) ■ '유령 이야기'를 이용한 언어 자극 ■ 상상력 향상(이야기의 실현) ■ 신체 긴장도 증가
참고 사항	호흡은 강할 필요가 없다. 유령은 가벼워서 날숨이 약해도 쉽게 날아갈 수 있다.
놀이 자세와 태도	이 놀이는 선 자세에서 하며, 이때 자세가 올바른지 주의해야 한다. 유령을 천장으로 날릴 경우 머리의 자세에도 주의를 기울여야 한다.
주의 사항	쿠킹 포일을 너무 꽉 끼우면 유령이 날아가지 않을 수도 있으므로 쿠킹 포일을 알맞게 끼운다.

5 빨대 불기

놀이 이름	빨대 불기
준비물	지름 2mm와 4mm 크기의 빨대(아동의 수만큼)
사전 준비	없음

놀이 규칙	놀이 진행의 혼선을 피하기 위해 아동마다 색깔이 다른 가는 빨대를 준비한다. 가는 빨대를 굵은 빨대 속에 끼워 넣는다. 신호에 맞춰 힘껏 분다. 가는 빨대가 멀리 날아간 사람이 이긴다.
놀이 응용	이 놀이는 누워서 할 수 있으며, 빨대를 불어서 천정에 닿게 할 수 있다. 이 경우 신체적으로 힘이 더 많이 든다.
놀이 목적	■ 횡격막의 활성화 ■ 날숨 관련 근육 강화 ■ 짧고 집중된 날숨의 경험 ■ 입둘레근의 활성화 ■ 볼근의 활성화 ■ 구강운동 능력의 향상 ■ 집중력, 주의력, 지구력 향상 ■ 신체 긴장도의 균형 회복
참고 사항	이 놀이는 그룹에 적합하다. 놀이응용은 초보자에게는 어려우며, 어느 정도 불기 훈련이 잘된 아동에게 적합하다.
놀이 자세와 태도	이 놀이는 선 자세에서 하며, 이때 자세가 올바른지 주의해야 한다.
주의 사항	호흡 시 발생하는 습기로 인해 놀이 진행과정에서 가는 빨대가 굵은 빨대 안에 붙는 경우가 있다. 강하게 부는 것은 효과가 없으므로 놀이를 중단하고 치료가 끝날 때쯤 다시 한 번 더 실시하는 것이 바람직하다.

6 목표 명중시키기

놀이 이름	목표 명중시키기
준비물	주름빨대, 꼬치, 표적판(부록 6), 블록
사전 준비	표적판을 두꺼운 종이에 붙이고, 설명에 따라 만든 후에 블록을 이용해 세워 놓는다.

놀이 규칙	표적판을 책상 위에 세워 놓는다. 꼬치를 불어 표적판 구멍을 통과하게 한다.
놀이 응용	① 각각의 구멍에 점수를 부여한다(작은 구멍은 높은 점수, 큰 구멍은 낮은 점수). ② 학령기 아동의 경우 각각의 구멍에 글씨를 써 놓고, 자신이 성공한 구멍의 문자를 조합하여 낱말 만들기를 한다. ③ 224쪽의 놀이 참조
놀이 목적	■ 횡격막의 활성화 ■ 날숨 관련 근육 강화 ■ 목표물에 대한 의도된 불기능력의 향상 ■ 학령기 아동에게 놀이응용을 통해 언어자극 제시 ■ 신체 긴장도 증가
참고 사항	초보자를 위한 놀이다. 꼬치가 빨대에서 쉽게 날아가므로 숨을 내쉬는 힘이 강할 필요는 없다.
놀이 자세와 태도	이 놀이는 선 자세에서 하며, 이때 자세가 올바른지 주의해야 한다.
주의 사항	놀이가 진행됨에 따라 빨대 속의 습기로 인해 꼬치가 빨대에 붙는 경우가 있다. 이 경우 잠시 놀이를 중단한다.

7 뱀 놀이

놀이 이름	뱀 놀이
준비물	나일론 끈 10cm(다양한 색), 볼, 지름 6mm의 빨대
사전 준비	없음

놀이 규칙	나일론 끈(뱀)을 빨대에 끼워 넣는다. 서서 힘껏 빨대를 불면 뱀이 날아간다. 볼을 바닥에 놓고 목표로 삼는다. 나일론 끈의 색으로 이긴 사람을 쉽게 알아볼 수가 있다.
놀이 응용	짧은 나일론 끈을 사용하면 불기가 쉽다.
놀이 목적	■ 횡격막의 활성화 ■ 횡격막에 대한 인식 ■ 날숨 관련 근육 강화 ■ 짧고 집중된 날숨의 경험 ■ 숨을 내쉴 때의 힘을 느낌 ■ 입둘레근의 활성화 ■ 입술의 민감도 증가(빨대를 에워쌈) ■ 구강운동 능력의 향상 ■ 소근육 운동 능력 증진(나일론 끈을 빨대에 넣기) ■ 집중력, 주의력, 지구력 향상 ■ 신체 긴장도 증가
참고 사항	초보자 연습으로 임의로 오랫동안 할 수 있다.
놀이 자세와 태도	이 놀이는 선 자세에서 하며, 이때 자세가 올바른지 주의해야 한다(두 발이 바닥에 닿아 있는가, 서 있는 자세, 머리 자세).
주의 사항	나일론 끈이 너무 굵을 경우 고무줄을 이용할 수도 있다.

8 보물섬 놀이

놀이 이름	보물섬 놀이
준비물	지름 6mm 빨대, 병뚜껑, 점 모양의 스티커, 주사위, 나무구슬, 놀이 말, 활용 자료(부록 3)
사전 준비	이 책의 부록 3을 복사해서 목적지로 놓고 출발점에서 목적지까지 스티커를 붙여 놓는다.

놀이 규칙	배 역할을 하는 병뚜껑을 스티커로 표시된 출발점에 놓는다. 주사위를 던져 나온 수만큼 빨대로 배를 불어 책상 위에 스티커로 표시된 점에서 다음 점으로 이동시킨다. 먼저 보물섬에 도착한 아동이 이기게 된다.
놀이 응용	놀이 시작 전에 검정색을 포함한 다양한 색의 스티커를 붙인다. 주사위를 던져 검은색에 도달하면, 나무 구슬이나 놀이 말을 배에 싣는다. 배가 점점 무거워져 움직이기가 어려워진다.
놀이 목적	■ 횡격막의 활성화 ■ 날숨 관련 근육 강화 ■ 목표물에 대한 의도적 날숨의 향상(빨대로 병뚜껑을 조준한다) ■ 신체 긴장도 증가
참고 사항	이 놀이는 초보자를 위한 놀이다. 호흡 강도가 세지 않아도 된다.
놀이 자세와 태도	이 놀이는 책상에서 서서 하며, 이때 자세에 주의해야 한다.
주의 사항	아동의 호흡 강도가 너무 약해 병뚜껑이 움직이지 않을 경우 놀이를 중단한다.

9 목표물 쏘기

놀이 이름	목표물 쏘기
준비물	빈 과자상자 혹은 깊이가 있는 접시, 색을 칠한 성냥개비(머리 부분은 제거), 주름빨대
사전 준비	없음

놀이 규칙	빈 과자상자 혹은 깊이가 있는 접시를 바닥에 놓는다. 막대기나 줄로 출발선을 표시한다. 아동은 각자 색을 정하여 성냥개비를 3개씩 갖는다. 성냥을 빨대의 짧은 쪽에 끼워 넣고 '시작' 신호에 맞춰 빨대를 힘껏 분다. 과자상자나 접시에 성냥이 들어가면 점수를 얻는다.
놀이 응용	학령기 아동에게는 낱말을 사용할 수 있다. 과자 상자에는 /ㄱ/으로 시작하는 낱말을 넣고, 볼에는 /ㅅ/으로 시작하는 낱말을 넣는다. 적중한 곳의 낱말을 모아 적는다.
놀이 목적	■ 횡격막의 활성화 ■ 날숨 관련 근육 강화 ■ 목표물을 향한 짧은 날숨의 향상 ■ 소근육 운동 능력 증진(성냥을 빨대에 넣는다) ■ 어휘 자극(/ㅅ/과 /ㄱ/으로 시작하는 낱말) ■ 집중력, 주의력, 지구력 향상 ■ 신체 긴장도 증가
참고 사항	소그룹 놀이로 적합하다. 성냥을 목표물에 넣기 위해 필요한 호흡량을 조절하기까지 어느 정도의 시간이 필요하므로 인내심을 요구하는 놀이다. 2개의 목표물을 놓는 이유는 목표물에 적중하기 위한 확률을 높이기 위함이다.
놀이 자세와 태도	이 놀이는 서서 하며, 이때 신체 자세와 머리 자세에 주의해야 한다.
주의 사항	목표물과의 거리가 너무 멀 경우, 거리 조절이 필요하다. 먼저 목표물을 옮겨 거리를 조절하고, 점차 출발점을 이동하여 거리를 조절한다.

10 사자 사냥

놀이 이름	사자 사냥
준비물	약 1cm 크기의 고무로 만든 사자 모형(다른 작은 동물을 사용해도 된다), 이쑤시개, 주름빨대
사전 준비	없음

놀이 규칙	빨대는 목을 꺾어서 사용한다. 이쑤시개를 빨대의 짧은 부분에 넣는다. 고무 사자를 등받이가 없는 의자나 책상 위에 세워 놓는다. 빨대를 힘껏 불어 이쑤시개를 사자에 명중시켜 넘어트리는 사람이 이긴다. 사자가 넘어지는 데까지 시간이 오래 걸릴 수 있다.
놀이 응용	사자 사냥은 어려운 놀이다. 이 놀이는 공기가 구강 중심으로 흘러가는 감각을 향상시킬 수 있으므로 /ㅅ/ 음의 조음장애, 특히 /ㅅ/ 음이 측면에서 조음되는 경우(sigmatism lateralis)에 적합하다. 이 훈련은 횡격막의 강한 작용이 있어야 한다. 혀는 골을 만들고, 정확한 /ㅅ/ 조음과 같이 혀의 골 사이로 공기가 흘러간다.
놀이 목적	■ 횡격막의 활성화 ■ 횡격막에 대한 인식 ■ 날숨 관련 근육 강화 ■ 짧고 집중된 날숨의 경험 ■ 목표물을 향한 짧은 날숨의 향상 ■ 숨을 내쉴 때의 힘을 느끼고 체험하기 ■ 소근육 운동 능력 증진(이쑤시개를 빨대에 넣기) ■ 집중력, 주의력, 지구력 향상 ■ 신체 긴장도 증가
참고 사항	사자 사냥 놀이는 어려운 놀이로 목표물에 대한 불기 능력이 있어야 한다. 또한 과호흡의 위험이 있을 수 있다. 이런 경우에는 놀이 규칙을 바꾸거나 (빨대를 불어 화살을 쏜 후에 손등을 입에 대기) 향이 나는 밴드(157쪽 참조)를 사용할 수 있다.
놀이 자세와 태도	이 놀이는 서서 하며, 이때 신체 자세와 머리 자세에 주의해야 한다.
주의 사항	없음

[11] 회오리바람 놀이

놀이 이름	회오리바람 놀이
준비물	부록 4의 회오리바람 자료
사전 준비	부록 4에 제시된 자료를 지침에 따라 만든다.

놀이 규칙	회오리바람 자료를 책상에 세워 놓는다. 한 아동이 회오리바람을 불어 멀리 날려 보내면, 그것이 날아가 떨어진 자리에 표시를 한다. 그리고 다음 아동이 계속해서 놀이를 진행한다.
놀이 응용	① 아동이 마주 보고 앉거나 동그랗게 앉아서 회오리바람을 다른 아동에게 불어 보내고, 그 아동은 또 다른 아동에게 불어 보내는 방법으로 놀이를 진행할 수 있다. ② 부록 4를 두꺼운 종이에 복사해 붙여 사용할 수 있다. ③ 블록과 같은 물건을 회오리바람 안에 넣어 불기를 할 수 있다.
놀이 목적	■ 횡격막의 활성화 ■ 집중된 날숨의 훈련 ■ 목표물을 향한 날숨의 향상 ■ 입술 훈련(입둘레근의 활성화) ■ 시각 능력 훈련(회오리바람을 시각적으로 쫓아간다) ■ 신체 긴장도 증가
참고 사항	입술을 동그랗게 만들어 유지해야 하며, 호흡을 목표물에 맞춰 조절해야 하기 때문에 이 회오리바람 놀이는 /호/-불기에 대한 기초적 능력이 요구되는 어려운 놀이다. 소그룹 놀이로 적합하다.
놀이 자세와 태도	이 놀이는 책상에 앉아서 하거나, 무릎을 꿇은 자세로 한다.
주의 사항	놀이과정에서 침이 많이 튈 수 있으며, 이 경우에는 지름이 큰 빨대를 사용하는 것이 도움이 될 수 있다.

'회오리바람 놀이'를 하고 있는 아동

아동은 놀이 시작 전에 바람을 만들고, 주어진 자료를 접어서 선 위에 세운다.

12 색연필 경주

놀이 이름	색연필 경주
준비물	색연필 또는 연필(약 10cm 길이), 컬러 접착테이프, 투명비닐주머니
사전 준비	책상 위에 출발선과 도착선을 표시해 붙인다. 책상은 매끄러워야 한다.

놀이 규칙	색연필을 출발선에 놓는다. '시작' 신호에 맞춰 바람을 불어 색연필을 움직인다. 제일 먼저 도착선에 이른 사람이 이기는 놀이다. 책상이 너무 길 경우 놀이할 때 자세에 문제가 생길 수 있다. 투명비닐주머니를 바닥에 깔고 할 경우 연필이 더 잘 움직이므로 놀이를 좀 더 쉽게 할 수 있다.
놀이 응용	1. 색연필 경주는 소그룹으로 하는 경쟁놀이로 적합하다. 2. /ʃ/ 음을 할 수 있는 아동의 경우 색연필 경주를 새로 배운 /ʃ/로 시작하는 낱말을 섞어서 할 수 있다. 매 날숨마다 /ʃ/로 시작하는 낱말을 말한다.
놀이 목적	■ 횡격막의 활성화 ■ 호흡 근육 강화 ■ 집중된 강한 날숨 훈련 ■ 목표물을 향한 날숨의 향상 ■ 입술 근육의 활성화(입둘레근) ■ 집중력, 주의력, 지구력 향상 ■ 신체 긴장도 증가
참고 사항	이 놀이를 오랜 시간 계속할 경우 과호흡이 빨리 나타날 수 있으므로 짧게 한다. 놀이를 하는 아동의 성격에 따라 과호흡이 다르게 나타날 수 있다. 이 경우 향이 나는 밴드를 사용하는 것이 도움이 된다. 손등에 향이 나는 밴드를 붙이고 숨을 들이쉴 때, 손등을 입에 대고 코로 숨을 쉬는 놀이 규칙을 적용하는 것도 도움이 될 수 있다.
놀이 자세와 태도	이 놀이는 서서하거나, 무릎을 꿇고 할 수 있다. 아동의 자세에 주의해야 하고, 놀이책상은 너무 길어서도 안 되며, 너무 높아서도 안 된다.
주의 사항	아동이 날숨으로 색연필을 불어 맞히지 못할 경우 놀이를 중단하고, 빨대를 사용해서 다시 시도해 보거나 유사한 다른 놀이로 바꿔서 한다. 아동의 실패감을 줄이는 것이 좋다.

13 필름 통 불기

놀이 이름	필름 통 불기
준비물	필름 통, 주사위, 컬러 접착테이프
사전 준비	책상에 출발선과 도착선을 접착테이프로 표시한다. 책상의 표면은 매끄러워야 한다.

놀이 규칙	출발선에 필름 통을 눕혀 놓고 입술을 동그랗게 한 후 짧고 강하게 바람을 불어 도착선을 향해 필름 통을 움직이게 한다. 아동은 시작 신호에 맞춰 동시에 분다. 도착선에 먼저 도착하는 아동이 이기는 놀이다.
놀이 응용	① 출발선과 도착선의 거리는 아동의 능력에 따라 조절할 수 있다. ② 불기 전에 주사위를 던져 나온 수만큼 불 수 있다. ③ 필름 통에 콩이나 모래, 혹은 쌀 등을 채워서 놀이를 할 수 있다(불기가 가능한지 놀이 시작 전에 먼저 테스트를 해 보아야 한다).
놀이 목적	■ 횡격막의 활성화 ■ 날숨 관련 근육 강화 ■ 구강운동 향상 ■ 볼근의 활성화 ■ 혀의 강화(혀의 골을 만드는 것을 통해 혀의 긴장도를 향상시킬 수 있음) ■ 목표물을 향한 짧은 날숨의 향상 ■ 집중력, 주의력, 지구력 향상
참고 사항	이 놀이는 구강안면근육 전체에 대한 훈련으로 빨대를 사용해서는 안 된다. 또한 과호흡을 유발시킬 위험이 있으므로 불기를 한 후에 매번 손등을 입에 대고 호흡을 하게 하거나 향이 나는 밴드(157쪽 참조)를 사용하는 것도 좋다.
놀이 자세와 태도	이 놀이는 서서 하거나 무릎을 꿇고 할 수 있으며, 또는 의자에 앉아서 할 수도 있다. 이때 자세에 주의해야 한다.
주의 사항	놀이과정에서 침이 많이 튈 수 있으며, 이 경우에는 지름이 큰 빨대를 사용하는 것을 생각해 볼 수 있으나, 가능하면 자제하는 것이 좋다.

14 호두 껍데기 경주

놀이 이름	호두 껍데기 경주
준비물	반을 쪼갠 호두 껍데기, 작은 돌조각
사전 준비	책상 표면을 매끄럽게 준비한다.

놀이 규칙	반으로 쪼갠 호두 껍데기 밑에 작은 돌조각을 놓는다. 호흡을 조절하여 호두 껍데기를 불어 움직인다. 호두 껍데기의 무게로 인해 매우 조금씩 움직인다. 놀이 시작 전에 호두 껍데기를 특정 목적지에 도달하게 할 것인지를 생각해야 한다. 책상은 너무 길지 않아야 한다. 이는 자세와 관계가 있다.
놀이 응용	놀이 전에 반으로 쪼갠 호두 껍데기에 매니큐어로 풍뎅이, 벌, 파리 등과 같은 형태를 그려 놀이를 할 수 있다. 호두 껍데기를 쿠킹 포일로 싸고, 꼬리가 필요하면 끈을 붙이고, 점을 찍어 눈을 표현할 수 있다.
놀이 목적	■ 횡격막의 활성화 ■ 날숨 관련 근육 강화 ■ 집중된 강한 날숨의 경험 ■ 입둘레근의 활성화 ■ 볼근의 활성화 ■ 구강운동의 증진 ■ 집중력, 주의력, 지구력 향상 ■ 정상적인 신체 긴장도 회복
참고 사항	호두 껍데기 경주는 이미 /호/-불기 훈련을 많이 한 아동을 위한 놀이다.
놀이 자세와 태도	이 놀이는 일어선 자세나 무릎을 꿇은 자세에서 실시할 수 있으며, 이때 자세에 주의해야 한다. 책상이 너무 길어서도 안 되며, 높아서도 안 된다.
주의 사항	반으로 쪼갠 호두 껍데기는 잘 움직이지 않으므로 투명비닐을 책상 위에 놓거나 책상 표면을 매끄럽게 하여 잘 움직일 수 있도록 도와준다.

'호두 껍데기 경주' 놀이를 하고 있는 아동

놀이 시작 전에 호두 껍데기를 쿠킹 포일로 싸고, 끈으로 꼬리를 만들고, 눈과 귀를 그려서 쥐 모양을 만든다. 잘 미끄러지게 하기 위해 투명비닐 위에 쥐를 놓고 불어 달리게 한다.

15 불기레일

놀이 이름	불기레일
준비물	불기레일 2개(부록 5), 탁구공이나 솜, 그림낱말카드
사전 준비	복사물을 설명에 따라 만든다.

놀이 규칙	불기레일을 설명에 따라 만들고 접어서 책상 위에 놓는다. 그림카드(/ㅅ/, /ㅆ/으로 시작하는 그림낱말카드)를 불기레일의 여러 곳에 놓는다. 탁구공을 불기레일의 한쪽 끝에 놓는다. 탁구공을 힘껏 불어 그림낱말카드에 다다르게 한다. 그림낱말카드에 도달하면, 그림낱말카드의 낱말을 말하고 카드를 가져간다.
놀이 응용	① /호/-불기 자료는 임의로 선택할 수 있다(194쪽 참조). ② 탁구공이 그림카드에 도달할 때까지 호흡을 끊지 않고 유지한다. ③ 그림낱말카드를 쌍으로 준비한다. 하나는 불기레일에 놓고 다른 하나는 바닥에 놓는다. 바닥에 놓은 그림낱말카드 중 하나를 선택하고, 불기레일에서 해당 그림이 있는 곳까지 공을 분다. 성공할 경우 해당 그림을 갖는다. ④ 퍼즐조각을 불기레일 가장자리에 놓고, 불기를 하면서 퍼즐조각을 모아 퍼즐을 맞춘다. ⑤ 여러 개의 불기레일로 미니골프 코스를 만들어 사용할 수 있다.
놀이 목적	■ 횡격막의 활성화 ■ 집중된 날숨의 훈련 ■ 목표물을 향한 날숨의 향상 ■ 입술 훈련(입둘레근의 활성화) ■ 다양한 자음 연습(/ㅅ/, /ㅆ/ 등) ■ 시각적 능력 훈련(솜뭉치를 눈으로 따라감) ■ 신체 긴장도 증가
참고 사항	불기레일은 입술을 동그랗게 만들어 유지하고, 목표물에 조절해 호흡을 해야만 하는 어려운 놀이다.
놀이 자세와 태도	이 놀이는 의자에 앉거나 무릎을 꿇고 책상에서 할 수 있을 뿐만 아니라 바닥에서도 할 수 있다.
주의 사항	놀이과정에서 침이 많이 튈 수 있으며, 이 경우에는 지름이 큰 빨대를 사용하는 것이 도움이 될 수 있다. 또한 자료를 코팅해 사용할 수도 있다.

두꺼운 종이를 접어서 불기레일을 만든다. 종이가 두꺼울수록 좋다.

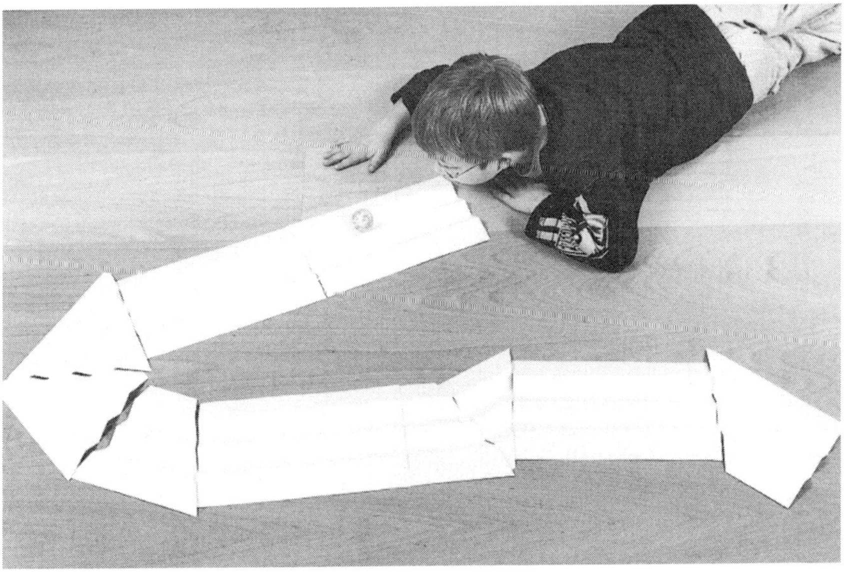

'불기레일' 놀이를 하고 있는 아동

이 사진은 아동이 엎드려서 불기레일에 탁구공을 부는 모습이다.
여러 개의 불기레일을 연결해서 미니골프 코스와 같이 만들어 사용할 수 있다.

16 팔레트 불기

놀이 이름	팔레트 불기
준비물	빈 팔레트, 솜뭉치, 고무로 만든 동물인형 혹은 작은 그림카드
사전 준비	고무동물인형이나 그림카드를 팔레트에 골고루 놓는다.

놀이 규칙	솜뭉치를 손바닥에 놓는다. 턱을 손목에 받친다. 팔레트를 책상에 놓는다. 아동은 차례로 힘차게 불어 솜뭉치가 떨어진 곳에 있는 그림카드나 인형의 낱말을 말하고 가져간다.
놀이 응용	① 솜뭉치나 그림카드를 팔레트에 넣고 빨대를 이용해 꺼낸다. 불어서 넣기와 빨아서 꺼내기를 교대로 할 수 있다. ② 놀이 시작 전에 팔레트에 작은 그림카드나 학령기 아동의 경우 과제물을 채워 놓고 시작할 수 있다.
놀이 목적	■ 횡격막의 활성화 ■ 날숨 조절 능력 향상 ■ 자신의 호흡 강도를 인지한다. ■ 구강운동의 증진 ■ 입 오므리기 훈련 ■ 신체 긴장도 증가
참고 사항	이 놀이는 솜뭉치를 팔레트의 목표물에 적중해야 하는 숙련도가 필요하므로 이 놀이에 참여하는 아동은 날숨기능 중 불기에 대한 많은 훈련이 있어야 한다.
놀이 자세와 태도	이 놀이는 책상에서 실시하며, 이때 앉는 자세에 주의해야 한다. 팔꿈치를 지지대로 책상에 붙여 실시할 수 있다.
주의 사항	날숨 시 습기가 많이 생기므로 그림카드는 코팅을 해서 사용하는 것이 좋다.

17 과녁

놀이 이름	과녁
준비물	빈 과자통, 쿠킹 포일, 유성펜, 악보대 혹은 기타 고정시킬 수 있는 것, 꼬치, 주름빨대
사전 준비	빈 과자상자를 쿠킹 포일로 덮고 고무줄로 고정시킨다. 유성펜으로 과녁을 그린다.

놀이 규칙	과자통(과녁)을 악보대에 세워 놓거나 벽에 약간 기울여 고정시켜 놓는다. 아동은 꼬치를 빨대에 넣어 준비한다. 과녁에서 가까운 거리에 서서 시작 신호에 맞춰 과녁을 향해 빨대를 불어 꼬치를 날린다. 과녁과의 거리 조절을 위해 놀이 시작 전에 여러 번 연습이 필요하다.
놀이 응용	① 꼬치 대신에 이쑤시개를 사용할 수 있다. 이쑤시개가 가벼우나, 과녁에 맞추기는 어렵다. ② 꼬치를 쿠킹 포일에 정확히 꽂는 것이 어렵다.
놀이 목적	■ 횡격막의 활성화 ■ 날숨 관련 근육 강화 ■ 날숨 조절 능력 향상 ■ 날숨이 물건을 움직일 수 있다는 것을 경험하고 느끼게 한다. ■ 소근육 운동 능력 증진(꼬치 혹은 이쑤시개를 빨대에 넣는다) ■ 집중력, 주의력, 지구력 향상 ■ 신체 긴장도 증가
참고 사항	과녁은 집중력과 인내심이 많이 요구되는 놀이다. 날숨 시 습기가 너무 많이 생기지 않도록 주의한다. 습기가 꼬치의 움직임을 방해하므로 놀이가 일찍 끝날 수 있다.
놀이 자세와 태도	이 놀이는 선 자세나 앉은 자세에서 실시할 수 있다. 이때 자세에 주의해야 한다.
주의 사항	불기가 불가능할 정도로 빨대에 습기가 많은 경우 놀이를 중단한다.

18 경사면

놀이 이름	경사면
준비물	종이 원통 2개(높이 약 10cm, 7cm), 큰 구슬(혹은 탁구공), 경사길(20cm), 고무동물인형 혹은 그림, 빈 팔레트
사전 준비	종이 원통은 길이를 달리해서 자르고, 그 위에 경사길을 기울여 얹어 놓는다. 팔레트는 그림이나 고무동물인형 등으로 채운다.

놀이 규칙	큰 구슬(탁구공)을 경사길에 놓고 강하게 불어 팔레트에 떨어지게 한다. 몇 번의 연습으로 기울기 조절을 한다. 구슬이 팔레트의 구멍에 떨어지면, 해당 구멍에 있는 그림카드나 동물의 이름을 말하고 가져간다.
놀이 응용	① 구슬이 잘 움직이지 않으면 다른 재료로 바꾸어 할 수 있다(194쪽의 자료 소개 참조). 높이와 팔레트와의 거리는 필요에 따라 수정할 수 있다. ② 팔레트에 근기능 치료(myofunctional therapy)용 연습카드를 놓고 실행할 수 있다.
놀이 목적	■ 횡격막의 활성화 ■ 목표물을 향한 날숨의 향상 ■ 자신의 날숨 강도를 인지한다. ■ 입술을 오므리는 훈련 ■ 소근육 운동 능력 증진(구슬을 경사길에 올려놓는다) ■ 신체 긴장도 증가
참고 사항	'경사면'은 어려운 놀이이므로 아동은 날숨기능 중 불기에 대한 많은 경험이 있어야 한다. 구슬을 경사면에 놓고 손을 떼면서 동시에 힘차게 바람을 불어야 하는 정교함이 필요하다.
놀이 자세와 태도	이 놀이는 책상 앞에 선 자세나 앉은 자세 및 무릎을 꿇은 자세에서 할 수 있다. 머리 자세와 경사면의 높이와 관련하여 전체적인 자세에 주의해야 한다.
주의 사항	날숨 시 습기가 많이 생기므로 경우에 따라서 지름이 큰 빨대를 사용할 수 있다.

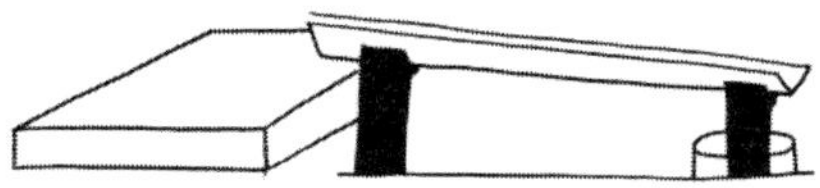

옆에서 본 그림

'경사면' 놀이를 하고 있는 아동

입술을 동그랗게 모으고 구슬을 불면
구슬이 경사면을 따라 굴러간다.

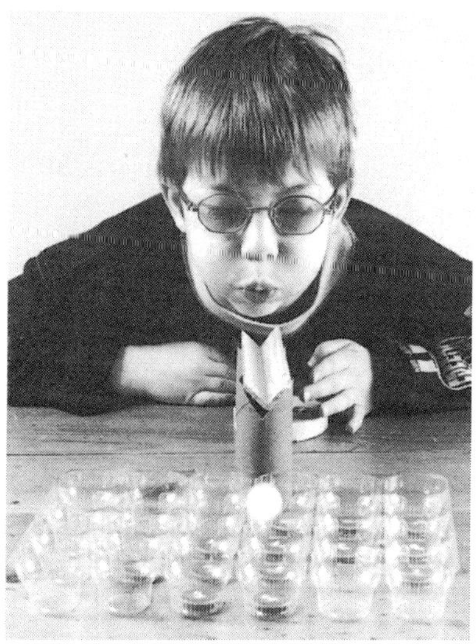

구슬이 목표로 정한 팔레트의 구멍에 떨어진다.

2) /후/-불기

-날숨 기능-

/후/ 불어 촛불 끄기

/후/ 하고 호흡 조절하여 불기

공기 불어 넣기

/후/ 불어 날리기

/후/-불기:
- 의도적으로 조절된 날숨
- 호흡근육 전체의 유연성이 요구되며, 많은 연습이 필요하다.

출처: Struck(1997).

(1) /후/-불기 놀이 방법

[1] /후/-불기 방법

/후/-불기에서 날숨은 입술을 동그랗게 만든 상태에서 한다. 몇몇 놀이에서는 빨대를 보조도구로 사용할 수 있다. 침이 많이 나올 경우 빨대가 도움이 될 수 있다.

/후/-불기의 목표는 보조 도구를 사용하지 않고 입술을 동그랗게 만들어 공기를 가운데로 흘러 나가게 하는 것이다. 이때 볼근(buccinator muscle)의 작용이 많이 요구되며, 턱근육(mentalis muscle)도 함께 작용한다. /호/-불기

/후/-불기를 하는 아동

놀이는 긴장된 턱근육을 이완시키는 데 도움이 되므로, 무엇보다도 턱근육의 과다긴장을 자주 보이는 아동에게 적합한 놀이다. 놀이 중에 턱근육이 과다하게 긴장되는 것이 관찰되면, 놀이 중 잠시 쉴 때에 턱근육을 마사지하거나 이완시키는 처치를 할 수 있다. 따라서 놀이 중에 턱근육을 관찰하는 것이 중요하다.

폐와 횡격막의 유연성 또한 훈련되어야 하기 때문에 다음에 제시될 놀이는 /호/-불기훈련 이후에 실시해야 한다. /후/-불기는 /호/-불기를 전제로 한다. /후/-불기는 /호/-불기보다 어려우며, 호흡관련 근육의 조절능력이 더 요구된다.

다음에 소개되는 /후/-불기 놀이는 빨대를 사용하지 않고 실시해야 한다. 놀이는 쉬운 놀이에서부터 어려운 놀이 순서로 분류하였으며, 따라서 다음에 소개되는 순서대로 놀이를 진행할 수 있다.

2 /후/-불기 놀이에 사용 가능한 자료

- 가벼운 큰 구슬
- 깃털
- 필름 두루마리
- 실패
- 초
- 종잇조각
- 탁구공
- 장식용 이쑤시개
- 실
- 필름통
- 피리
- 한지로 만든 공
- 색종이 조각
- 휴지
- 코끼리 코
- 작은 장난감 자동차

■ 얇은 종이
■ 스티로폼 공(다양한 크기)
■ 화장솜
■ 스파클 양초
■ 끈
■ 솜
■ 솜뭉치
■ 솜털

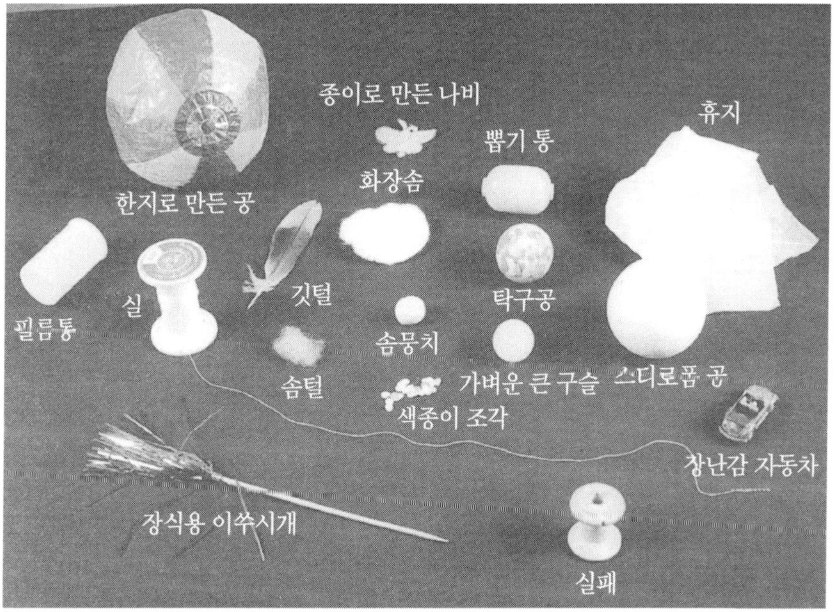

/후/-불기 자료

(2) /후/-불기 놀이

1 분수 놀이

놀이 이름	분수 놀이
준비물	물을 담은 컵, 빨대
사전 준비	없음

놀이 규칙	컵 속의 물을 빨대로 불어서 가능한 한 많은 물거품이 나게 한다. 물이 강하게 끓어올라야 한다(천천히 불기, 힘차게 불기, 조심스럽게 불기 등).
놀이 응용	물에 세제 한 방울을 섞어서 거품이 컵 밖으로 넘칠 때까지 할 수 있다. 이 놀이는 아동이 불기와 빨기를 구분할 수 있을 때에만 가능하다.
놀이 목적	■ 횡격막의 활성화(물의 저항력) ■ 호흡의 움직임에 대한 체험(날숨기류는 무엇을 하는가?) ■ 조절된 호흡의 체험(폐의 유연성) ■ 구강운동의 증진 ■ 다양한 소리의 생성 ■ 신체 전반에 걸친 긴장도 조절
참고 사항	분수 놀이는 그룹에 적합한 놀이며, 날숨에 관한 것이다.
놀이 자세와 태도	이 놀이는 책상에서 실시할 수 있으며, 이때 앉은 자세에 주의해야 한다.
주의 사항	아동이 물을 마실 경우에는 놀이를 중단하고 다른 /후/-불기 놀이를 제시해야 한다.

'분수 놀이'를 하고 있는 아동
(무릎을 꿇은 자세)

[2] 비눗방울 만들기

놀이 이름	비눗방울 만들기
준비물	빨대, 비눗방울을 만들 수 있는 액체, 손톱깎이
사전 준비	손톱깎이로 빨대 끝의 가장자리를 2mm 깊이로 약 10회 자른다.

놀이 규칙	빨대의 자른 부분을 구부려서 비눗방울 액체에 담근다. 빨대에 약하게 바람을 불어 넣는다. 작은 비눗방울이 만들어진다. 비눗방울이 만들어지지 않으면 빨대의 끝을 좀 더 많이 잘라 준다. 너무 깊이 자르지 않도록 주의한다.
놀이 응용	부록 6의 구멍 뚫린 벽지가 필요하다. 비눗방울을 구멍으로 날려 통과시키는 놀이이다. 각각의 구멍에 점수나 글씨를 정해 응용해 사용할 수 있다.
놀이 목적	■ 횡격막의 활성화 ■ 폐의 유연성 향상 ■ 날숨 길이의 증가 ■ 구강운동의 증진 ■ 구강안면 근육의 균형 향상 ■ 신체 전반에 걸친 긴장도 조절
참고 사항	기존의 비눗방울 불기에서는 비눗물을 흘리거나 쏟는 문제가 있다. 이 경우에는 비눗물을 의자나 책상에 따로 올려놓으면 좋다.
놀이 자세와 태도	이 놀이는 선 자세에서 실시한다.
주의 사항	빨대를 잘라 만드는 부분에서 문제가 생길 수 있으므로 미리 테스트를 해 보아야 한다.

3 춤추는 광대

놀이 이름	춤추는 광대
준비물	주름빨대, 이쑤시개에 꽂혀 있는 작은 광대
사전 준비	없음

놀이 규칙	식료품 재료상에서 칵테일 장식으로 사용되는 나무꼬치에 끼워진 작은 광대 장식을 구할 수 있다. 빨대의 목 부위를 꺾고, 짧은 부분에 광대를 꽂는다. 빨대의 긴 부분을 입에 물고 힘차고 길게 분다. 길게 나오는 공기에 의해 광대가 움직인다.
놀이 응용	광대를 구하기 어려운 경우 광대 대신에 솜뭉치를 사용할 수 있다. 그러나 이 경우 광대보다 어려우며, 정교함이 더 필요하다.
놀이 목적	■ 횡격막의 활성화 ■ 호흡주기의 확대 ■ 날숨 길이의 증가 ■ 호흡의 움직임에 대한 체험 ■ 혀로 골 만드는 기능 증진 ■ 구강운동의 증진 ■ 구강안면 근육의 균형 향상 ■ 소근육 운동 능력 증진 ■ 신체 전반에 걸친 긴장도 조절
참고 사항	작은 광대를 움직이게 하기 위해서는 날숨의 힘이 많이 필요하므로 많은 연습과 숙련도가 필요하다.
놀이 자세와 태도	이 놀이는 일어선 자세에서 실시하며, 이때 신체 자세와 머리 자세에 주의해야 한다.
주의 사항	숨을 내쉴 때 습기가 많이 생겨 광대가 젖을 경우 놀이를 끝낸다.

4 케이블카

놀이 이름	케이블카
준비물	노끈(방의 길이), 짧은 빨대 조각(6mm), 커피 필터, 스카치테이프
사전 준비	케이블카는 커피 필터로 만든다. 커피 필터 옆에 빨대 조각을 붙이고, 빨대 안에 노끈을 끼워 입 높이에 맞춰 방 벽에 노끈을 당겨 팽팽하게 고정시킨다.

놀이 규칙	케이블카를 아동의 입 높이에 맞춰 고정시킨 후에, 커피 필터의 열린 부분에 바람을 불어 케이블카를 움직인다. 출발점에서 몇 번을 불어야 도착점에 다다를 수 있을까? 과호흡의 위험이 있으므로, 아동을 바꿔 가며 놀이를 진행해야 한다.
놀이 응용	/ㅍ/ 혹은 /ㅋ/의 조음 형태로 바람을 불어 케이블카를 움직이는 놀이를 해 볼 수 있다. 이 경우 케이블카가 매우 조금씩 움직인다.
놀이 목적	■ 횡격막의 활성화 ■ 호흡주기의 확대 ■ 호흡의 움직임에 대한 체험 ■ /후/ 하고 호흡 조절하며 부는 능력 습득 ■ 조절된 날숨운동의 연습 ■ 파열음 /ㅍ/와 /ㅋ/의 적용 ■ 혀로 골 만드는 기능 증진 ■ 구강운동의 증진(입술근육, 혀근육, 볼근) ■ 구강안면 근육의 균형 향상 ■ 긴장도 조절
참고 사항	과호흡의 위험이 있다. 따라서 놀이 중에 휴식을 취하거나, 불고 난 후에 손등을 입에 대고 호흡하기를 적용할 수 있다.
놀이 자세와 태도	이 놀이는 일어서서 실시하며, 이때 신체 자세와 머리 자세에 주의해야 한다.
주의 사항	호흡 힘이 약할 경우 크기가 작은 커피 필터를 사용할 수 있다.

5 공 불기

놀이 이름	공 불기
준비물	탁구공, 달걀 컵 여러 개
사전 준비	없음

놀이 규칙	책상 위에 달걀 컵을 나란히 붙여 세워 놓는다. 첫 번째 달걀 컵에 탁구공을 놓는다. 날숨을 조절하여 탁구공을 불어서 첫 번째 달걀 컵에서 다음 달걀 컵으로 이동시키고, 이와 같은 방법으로 계속 탁구공을 이동시킨다.
놀이 응용	① 어린 아동의 경우 달걀 컵 1개만을 사용해서 실시할 수 있다. ② 놀이 시작 전에 그림카드를 달걀 컵마다 1개씩 넣고 탁구공 불기를 실행한다. 탁구공이 이동하면, 해당 달걀 컵에서 그림카드를 꺼내 모은다. 놀이가 끝난 후에 모은 그림카드를 이용해 이야기 꾸미기를 한다.
놀이 목적	■ 횡격막의 활성화 ■ 폐의 유연성 향상 ■ 날숨 길이의 증가 ■ /후/ 하고 호흡 조절하며 부는 능력 향상 ■ 날숨의 강도와 양에 대한 조절능력 습득 ■ 혀로 골 만드는 기능 증진 ■ 구강운동의 증진(입술근육, 혀근육, 볼근의 균형된 작용) ■ 구강안면 근육의 균형 향상 ■ 긴장도 조절
참고 사항	탁구공을 움직이기 위해서는 탁구공과의 거리와 각도에 따른 호흡조절이 필요하므로 호흡에 대한 많은 연습과 숙련도가 요구된다. 따라서 공 불기는 어려운 놀이이다. 또한 달걀 컵의 종류에 따라 놀이가 어려워질 수도 있으므로 미리 테스트를 해 보는 것이 좋다.
놀이 자세와 태도	이 놀이는 의자에 앉아서 하거나 무릎을 꿇고 앉아서 할 수도 있다. 이때 머리 자세에 주의해야 한다. 또한 일어선 자세에서도 할 수 있다.
주의 사항	탁구공이 움직이지 않는다면 호흡 세기가 약한 것이다. 아동의 실패감을 줄이기 위해 즉시 놀이를 중단한다.

'공 불기' 놀이를 하고 있는 아동
학령기 전 아동을 위한 놀이로 달걀 컵을 사용한다.

6 보물찾기

놀이 이름	보물찾기
준비물	빈 과자상자, 모래, 조개껍데기, 돌, 보물상자, 가는 빨대
사전 준비	준비된 자료를 빈 과자상자에 넣는다. 모래를 자주 바꿔 주는 것이 위생적으로 좋다.

놀이 규칙	놀이에 참여하는 아동은 불기와 빨기를 구분하여 실행할 수 있는 능력이 있어야 한다. 시작하는 아동이 돌아앉으면, 다른 아동은 보물상자를 모래 속에 숨긴다. 시작하는 아동은 다시 돌아앉아 가는 빨대로 모래를 불어 가며 보물상자를 찾는다. 아동에게 '차가워!'와 '뜨거워!'와 같이 소리를 내면서 힌트를 줄 수 있다. 보물상자를 찾으면, 다른 아동과 역할을 바꾸어서 놀이를 계속 진행한다.
놀이 응용	보물상자를 2개 이상 숨겨서 실시하고, 언어적 도움은 주지 않아도 된다.
놀이 목적	■ 횡격막의 활성화 ■ 날숨 길이의 증가 ■ 호흡에 대한 경험 ■ 후각 능력 향상(모래에서 나는 냄새) ■ /후/ 하고 길게 호흡 조절하며 부는 능력 습득 ■ 조절된 날숨운동 훈련(날숨의 힘이 너무 강하면, 모래가 날려 눈에 들어간다) ■ 혀로 골 만드는 기능 증진 ■ 구강운동의 증진(입술근육, 혀근육, 볼근의 균형된 작용) ■ 구강안면 근육의 균형 향상 ■ 긴장도 조절
참고 사항	아동은 나오는 바람을 조절할 수 있는 능력이 있어야 한다. 조절이 잘 안 될 경우 모래가 옆으로 움직이기보다는 날릴 수 있다.
놀이 자세와 태도	이 놀이는 책상에서 실시하며, 이때 머리 자세와 신체 자세에 주의해야 한다.
주의 사항	빨대에서 나오는 호흡의 습기로 인해 모래가 빨대 끝에 달라붙는 경우가 있다. 이때에는 모래를 교체해 주어야 한다.

'보물찾기' 놀이를 하고 있는 아동

보물을 찾은 아동

7 마술 종이

놀이 이름	마술 종이
준비물	10cm×10cm 크기의 종이(포장지로 쓰는 얇고 투명한 종이)
사전 준비	없음

놀이 규칙	마술쇼가 시작된다. 시작하는 아동의 입 높이에 맞춰 벽에 종이를 잡아준다. 아동은 벽에서 약 10cm 정도 떨어져 종이의 가운데 부분을 강하게 분다. 이때 잡고 있던 종이에서 손을 떼면 종이가 벽에 붙어 있다.
놀이 응용	종이의 크기와 종류, 그리고 벽과의 거리를 조절해 가면서 놀이를 진행할 수 있다.
놀이 목적	■ 횡격막의 활성화 ■ 폐의 유연성 향상 ■ 날숨 길이의 증가 ■ 지정된 목표대상물을 /후/ 하고 부는 능력 증진 ■ 혀로 골 만드는 기능 증진 ■ 구강운동의 증진(입술근육, 혀근육, 볼근의 균형된 작용) ■ 구강안면 근육의 균형 향상 ■ 긴장도 조절
참고 사항	종이를 벽에 붙어 있게 할 정도의 강한 호흡이 필요하므로 불기에 대한 충분한 연습과 조절능력이 요구되는 어려운 놀이이다.
놀이 자세와 태도	이 놀이는 일어선 자세에서 실시하며, 이때 머리 자세와 신체 자세에 주의해야 한다.
주의 사항	종이가 벽에 붙어 있지 않고 떨어지는 것은 호흡이 약함을 의미한다. 이 경우 아동이 좌절을 느낄 수 있으므로 놀이를 중단한다.

'마술종이' 놀이를 하고 있는 아동

벽과의 거리를 유지하고, 머리 자세와 신체 자세에 주의한다.

3) 코로 불기

코로 불기는 코에서 짧고 강하게 내뿜는 날숨으로 소리도 들을 수 있다. 코로 숨을 내쉬면서 꽃 포장용 얇은 종이, 프로펠러, 코끼리 코 등과 같은 자료를 불 수 있다.

다음에 소개되는 코로 불기 놀이는 임의적으로 나열하였으며, /후/-불기 놀이나 /호/-불기 놀이를 먼저 실행할 필요는 없다.

(1) 코로 불기 놀이 방법

1 코로 불기 놀이에 대한 주의사항

코감기에 걸렸거나 비염이 있는 아동은 모든 코로 불기 놀이를 가능하면 하지 말아야 한다. 코로 불기 놀이는 과호흡의 위험이 있으므로 짧게 해야 한다.

'코로 나비 불기' 놀이를 하고 있는 아동

2 코로 불기 놀이에 사용 가능한 자료

- 참깨
- 꽃 포장용 얇은 종이(나비모양으로 자른다)
- 색종이 조각
- 끈
- 밸브를 끼운 풍선
- 코끼리 코
- 코 피리
- 플라스틱으로 만든 작은 글자조각
- 종이 휴지
- 프로펠러(바람개비)

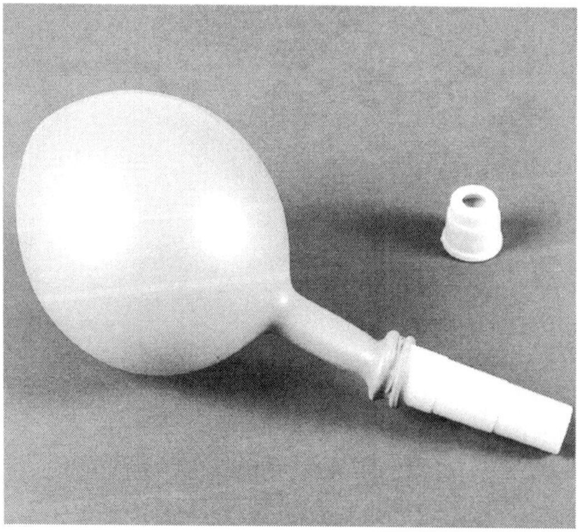

밸브를 끼운 고무풍선

(2) 코로 불기 놀이

[1] 코 장난

놀이 이름	코 장난
준비물	코끼리 코 혹은 밸브를 끼운 풍선
사전 준비	놀이 시작 전에 코를 풀 것

놀이 규칙	코끼리 코를 한쪽 콧구멍에 대고, 다른 콧구멍은 손가락으로 막고 불기를 한다. 코끼리 코가 한 번 펴지면 휴식을 취한다.
놀이 응용	① 놀이 시작 전에 작은 솜뭉치를 코끼리 코의 말린 코 안에 넣는다. 불어서 종이 코가 펴지면 솜뭉치가 굴러 떨어진다. ② 축구놀이: 축구 공으로 솜뭉치를 사용할 수 있다. 놀이 전에 골대를 만든다. 코끼리 코를 코로 불어 솜뭉치를 골대에 넣는다. 이 놀이는 과호흡의 위험이 있기 때문에 오래해서는 안 된다. ③ 코끼리 코 대신에 풍선을 사용할 수 있다. 놀이 시작 전에 풍선을 몇 번 정도 반복해서 불어 풍선을 쉽게 불 수 있게 풍선을 늘인다. 풍선에 밸브를 끼워 한쪽 콧구멍에 대고, 다른 쪽 콧구멍은 손가락으로 막고 분다. 각각의 콧구멍에 한 번씩만 분다. 비염이나 코삼기가 있는 아동은 실시해서는 안 된다.
놀이 목적	■ 횡격막의 활성화 ■ 횡격막 활동의 증가(짧게 끊어서 부는 날숨) ■ 비강을 통한 날숨운동의 습득과 체험 ■ 자유로운 비강통로 확보 ■ 압력의 균형(유스타키오관의 통풍) ■ 코 기능의 활성화(콧방울의 확대) ■ 신체 인지에 대한 교육 ■ 긴장도 조절
참고 사항	이 놀이는 과호흡의 위험이 있으므로 짧게 한다. 이 놀이는 집에서 연습할 수 있다. 규칙적으로 매일 한 번씩 연습하면 좋다.
놀이 자세와 태도	이 놀이는 일어서서 실시하며, 이때 신체 자세와 머리 자세에 주의해야 한다.
주의 사항	없음

'코끼리 코' 놀이를 하고 있는 아동

손가락으로 한쪽 콧구멍을 막는다. 코로 숨을 강하게 내쉬면 종이 코가 펴진다. 종이코를 손으로 잡고 할 수 있으며, 입술을 안으로 당겨 이로 깨물듯 입을 다무는 것도 괜찮다.

2 코 선풍기

놀이 이름	코 선풍기
준비물	꽃 포장용 얇은 종잇조각, 혹은 색종이 조각
사전 준비	놀이 전에 코를 풀 것

놀이 규칙	얇은 종잇조각이나 색종이 조각을 손바닥에 놓고 손목 부분에 턱을 받혀 고정시킨다. 코로 바람을 세게 불어 손바닥의 종잇조각을 날린다.
놀이 응용	① 아동마다 다른 양의 종잇조각을 손바닥에 놓고 날릴 수 있으며, 가장 많은 종잇조각을 날린 아동이 이긴다. ② 책상 위에 미리 글씨나 그림을 적은 종잇조각을 펼쳐 놓고, 얇은 종잇조각이 떨어진 곳의 종이에 적혀 있는 것을 말한다.
놀이 목적	■ 횡격막의 활성화 ■ 횡격막 활동의 증가(짧게 끊어서 부는 날숨) ■ 코로 바람 불기의 조절 능력 습득 ■ 비강을 통한 날숨운동의 습득과 체험 ■ 코 기능의 활성화(콧방울의 확대) ■ 신체 인지에 대한 교육 ■ 긴장도 조절
참고 사항	이 놀이는 과호흡의 위험이 있으므로 오래해서는 안 된다.
놀이 자세와 태도	이 놀이는 책상에서 실시하며, 이때 머리 자세와 신체 자세에 주의해야 한다.
주의 사항	없음

코끼리 코를 코로 분다.

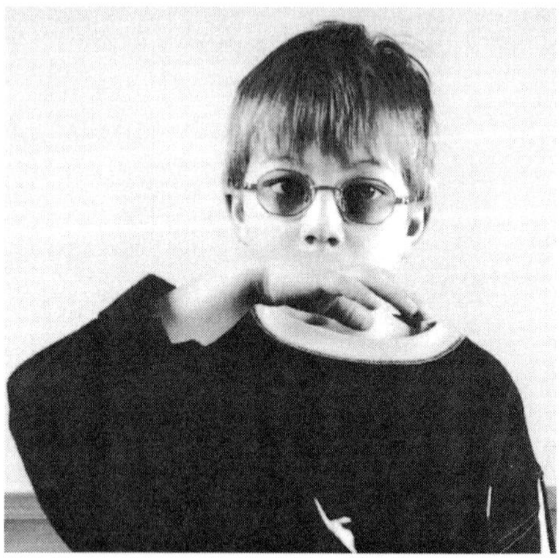

'코 선풍기' 놀이를 하고 있는 아동

양쪽 콧방울이 커지는 것을
잘 관찰할 수 있다.
이때 코근(Nasalis muscle)이
활성화된다.

3 참깨 불기

놀이 이름	참깨 불기
준비물	투명 비닐봉투, 참깨, 종이, 연필
사전 준비	놀이판을 종이에 그려서 숫자 등을 적어 넣고 투명 비닐봉투에 넣는다. 놀이 시작 전에 코를 푼다.

놀이 규칙	참깨를 투명 비닐봉투 위에 놓는다. 코로 참깨를 세게 분다. 참깨가 흐트러진 모양을 보고 이야기한다(주술사의 예언).
놀이 응용	① 놀이판 위에 참깨 하나를 놓고 불어 참깨가 도착한 곳의 글자나 숫자를 메모한다. ② 슬랄롬(slalom): 아동은 각자 놀이판 1개와 참깨 1개를 갖는다. 동시에 참깨를 불기 시작하여 먼저 정해진 도착점에 다다르면 이긴다.
놀이 목적	■ 횡격막의 활성화 ■ 횡격막 활동의 증가(짧게 끊어서 부는 날숨) ■ 코로 바람 불기의 조절 능력 습득 ■ 자유로운 비강통로 확보 ■ 코 기능의 활성화(콧방울의 확대) ■ 신체 인지에 대한 교육 ■ 긴장도 조절
참고 사항	이 놀이는 과호흡의 위험이 있으므로 오래해서는 안 된다.
놀이 자세와 태도	이 놀이는 의자에 앉아서 하거나 무릎을 꿇고 실시하며, 이때 머리 자세와 신체 자세에 주의해야 한다.
주의 사항	없음

4 나비 불기

놀이 이름	나비 불기
준비물	투명 비닐봉투, 가위, 얇고 투명한 종이로 만든 나비, 연필
사전 준비	얇고 투명한 종이를 잘라서 나비를 만든다. 종이에 꽃을 그려 투명 비닐봉투에 넣는다. 놀이 시작 전에 코를 푼다.

놀이 규칙	나비를 손등에 올려놓는다. 코로 힘차게 불어 나비를 멀리 날릴 수 있도록 손등을 윗입술의 위쪽 부분에 살짝 갖다 댄다.
놀이 응용	꽃 그림을 그린 종이를 투명 비닐봉투에 넣고 책상 위에 올려놓는다. 위와 같이 나비를 불어 꽃 위에 떨어지게 한다.
놀이 목적	■ 횡격막 활동의 증가(짧게 끊어서 부는 날숨) ■ 코로 바람 불기의 조절 능력 습득 ■ 자유로운 비강통로 확보 ■ 코 기능의 활성화(콧방울의 확대) ■ 신체 인지에 대한 교육 ■ 긴장도 조절
참고 사항	이 놀이는 과호흡의 위험이 있으므로 오래해서는 안 된다.
놀이 자세와 태도	이 놀이는 의자에 앉아서 하거나 무릎을 꿇고 실시하며, 이때 머리 자세와 신체 자세에 주의해야 한다.
주의 사항	없음

5 프로펠러 놀이

놀이 이름	프로펠러 놀이
준비물	나무에 꽂혀 있는 플라스틱 바람개비
사전 준비	나무 꼬치는 짧게 자르고, 놀이 전에 코를 푼다.

놀이 규칙	프로펠러(바람개비)를 코 아래에 놓고 세게 불어 프로펠러를 돌린다.
놀이 응용	없음
놀이 목적	■ 횡격막 활동의 증가(짧게 끊어서 부는 날숨) ■ 코로 바람 불기의 조절 능력 습득 ■ 자유로운 비강통로 확보 ■ 코 기능의 활성화(콧방울의 확대) ■ 신체 인지에 대한 교육 ■ 긴장도 조절
참고 사항	이 놀이는 과호흡의 위험이 있으므로 오래해서는 안 된다.
놀이 자세와 태도	이 놀이는 일어서서 실시하며, 이때 머리 자세와 신체 자세에 주의해야 한다.
주의 사항	없음

4) 음성

만성적 구강호흡과 경우에 따라 근기능장애가 있는 경우 4~6세 아동에게서 이미 거친 음성이 나타난다.

아동에게서 나타나는 음성장애의 원인은 다양하다. 심리적 원인에 따른 음성장애가 자주 나타나고 있으며, 이 경우에는 가족치료와 같은 심리치료가 동반되어야 한다.

음성장애를 보이는 경우, 소리 높낮이 조절과 소리 크기 조절이 매우 제한적이다. 그리고 음색과 공명이 좋지 않다. 그러므로 노래를 부르는 일은 피하거나 자제해야 한다. 광고나 가요 등에서 나타나는 음성장애를 성인은 장애가 있는 음성으로 인식하지 못하고 노래를 따라 부르는 경우가 많이 있다.

성인의 경우 아동에게서 '노래를 못 부르네요!'라는 말을 들은 적이 있을 것이다. 이런 말은 오랜 기간 동안 노래를 부르는 흥미를 잃게 할 수도 있다. 이런 흥미 상실이 음성 변화 능력을 제한할 수도 있다.

따라서 음성놀이에서의 음색에 대한 제시는 단지 하나의 방향만을 제시해야 하며, 치료사와 아동이 함께 발달시켜야 된다. 음악적 감각이 있는 치료사는 잠시 자신의 음악적 지식을 잊는 것이 좋다. 움직임에 대한 즐거움과 음색의 발달이 치료의 주목적이 되어야 한다. 아동의 음성장애가 심하지 않다면, 비록 좋은 음색을 보이지 않더라도 아동이 내는 모든 음색을 수용해야 한다.

이 책에 소개되는 음성놀이는 다양한 측면에 사용된다. 예를 들면, 다음과 같다.

- 자연스러운 입 다물기를 할 수 있게 한다.
- 음성을 무의식적으로 사용하게 한다.
- 경제적인 음성사용을 유도한다.
- 청각적 경험을 하게 한다.

앞서 소개된 놀이를 통해 호흡과 호흡근육이 자극된다. 훈련된 호흡과 호흡근육은 음성놀이의 토대가 된다. 연습상황에서 자신의 표현을 발달시키는 것이 음성놀이의 주목적이다. 모든 음성놀이는 간접적인 접근방법이다. 즉, 아동이 하는 놀이가 음성에 관계된 것이라고 인식하지 못하게 된다.

아동은 자신의 음성장애를 아직 인식하지 못하고 있으므로 이것이 좋은 기회다. 자신의 음성 문제가 아직 심리적으로 문제를 일으키지 않은 상태다. 그러므로 아동에게는 수정이나 지시 없이 자신의 음색을 스스로 찾을 수 있는 기회가 된다. 아동은 놀이에서 즐거움을 느껴야 하며, 자신의 음색을 다양하게 실험해서 발달시켜야 된다. 스스로 발달시킨 자신의 음색은 확실한 기초가 된다. 다만 아동이 단조로운 음색을 보일 경우 치료사는 조심스럽게 아동의 행동을 중단시킨다. 아동이 음성장애에 대한 자가 인식이 있다면, 다음의 자극을 줄 때 주의 깊게 접근해야 한다.

(1) 음성놀이 방법

1 호흡휴지

호흡휴지를 위해서 놀이를 중단할 수 있다. 주사위 던지기, 연필 바꾸기 그리고 치료사와 역할 바꾸기 등을 통해 호흡휴지를 할 수 있다. 너무 긴 날숨이

나 발성은 자연스러운 호흡휴지를 방해한다.

[2] 발성의 변화

발성의 변화는 연장 발성보다 중요하다. 발성의 변화는 다음과 같은 방법으로 유도할 수 있다.

- 리듬의 변화: 길고-짧고, 빠르게-천천히
- 소리의 변화: 높고-낮고
- 신체의 변화: 발성과 소리의 변화에 팔을 움직이는 것과 같은 신체의 움직임을 같이 할 수 있다.

[3] 한계

대부분의 음성놀이는 발성의 힘을 줄이기 위해서 인위적으로 '부드럽게' 시작한다. 새롭게 배운 음성의 변이는 크게 소리를 지르거나 누르는 듯한 음색에서 한계를 보인다. 아동은 유해한 음성기능을 오히려 좋아하는 경우가 있다. 이런 경우 음성과 관계없이 단순히 압박을 조절할 수 있는 불기놀이와 같은 날숨기능에 관계된 호흡놀이를 실행해야 한다.

[4] 음색을 위한 시간과 공간

음색을 발달시키기 위해서는 시간과 공간이 필요하다. 이는 치료사에게 지루할 수도 있으나, 새로운 다른 음색이 형성될 때까지 인내심이 필요하다. 반복하거나 혹은 '잘못된' 음색도 수용해야 한다. 반복적 연습은 아동에게 청각적 토대를 제공할 수 있다. 아동이 확신을 갖게 될 때에 스스로 음색의 변화를 발달시키며, 따라서 음색도 다양하게 나타날 수 있다.

다음에 소개되는 음성놀이는 쉬운 놀이에서부터 어려운 놀이의 순서로 배열되어 있다. 마지막 음성놀이가 가장 어려운 놀이로 생각된다.

(2) 음성놀이

1 회전목마

놀이 이름	회전목마
준비물	A3 크기의 종이와 크레파스
사전 준비	없음

놀이 규칙	아동은 종이에 원을 그린다. 원을 그리면서 아동은 가볍게 입술을 닫고 /ㅁ/ 소리를 내면서 허밍을 한다. 허밍이 끝남과 동시에 크레파스를 공중에 던지고, 다른 크레파스로 다시 시작한다. 다양한 색을 사용할 수 있다. 회전목마는 방향을 바꿔가면서 움직일 수 있다. 즉, 원을 그리는 방향을 바꾼다.
놀이 응용	강도 훈련은 작은 소리와 큰 소리로 바꾸면서 할 수 있다. 또한 밝은 음성과 어두운 음성으로 높낮이를 바꾸어 가면서 할 수 있다.
놀이 목적	■ 허밍을 할 때 가볍고 자연스럽게 입 다물기 ■ 조음할 때 입의 변화에 대한 느낌 ■ 연필을 바꿀 때 호흡휴지 ■ 음색과 호흡의 청각적 · 시각적 차이 인식 ■ 자신의 음성변화 가능성에 대한 체험 ■ 비강호흡과 입 다물기에 대한 인식 ■ 집중력과 주의력, 지구력에 대한 학습
참고 사항	입을 가볍게 다무는 것에 주의해야 하며, 너무 오래 허밍을 하지 않도록 한다. 장시간 /ㅁ/를 허밍 하는 것이 목적이 아니다. 호흡휴지 후에 음성의 떨림을 새로이 조절하기 위해 자주 크레파스를 바꾼다.
놀이 자세와 태도	종이를 벽이나 칠판에 붙여 놓고 일어선 자세에서 이 놀이를 실시할 수 있다. 그 밖에 책상에 앉아서 할 수도 있다. 이때 종이가 움직이지 않도록 책상에 붙여 놓고 한다.
주의 사항	없음

2 뱀 그리기

놀이 이름	뱀 그리기
준비물	부록 7, 네 가지 색의 크레파스(입 다물기를 위해 끈이나 대일밴드)
사전 준비	비강호흡이 가능한지를 검사한다. 코를 푼다. 크레파스와 활용 자료를 준비한다.

놀이 규칙	복사한 뱀 그림의 칸을 각기 다른 색으로 색칠한다. (1) 길이 2cm, 폭 1cm의 대일밴드를 입에 물고 가볍게 입을 다문다. 이때 입을 가볍게 다무는 것에 주의한다. (2) 아는 노래나 임의적인 톤의 변화를 주어 /ㅁ/ 소리를 허밍 한다.
놀이 응용	치료사가 작은 소리로 같이 허밍을 하다가, 치료사가 먼저 소리의 변화를 주고 아동이 따라서 한다. 예를 들면, 한 번은 밝게 소리를 내고, 또 한 번은 어둡게 소리를 내면서 변화를 시도할 수 있다.
놀이 목적	■ 입 다물기 연습을 다른 과제와 연결한다 ■ /ㅁ/를 통해 입술에 대한 인식 ■ 비강호흡이 자연스럽게 강화된다. ■ 집중력과 주의력 향상
참고 사항	아동이 장시간 비강호흡을 할 수 있어야 하며, 놀이시작 전에 비강호흡을 테스트한다(102쪽 참조). 아동의 호흡주기에 주의하며, 연필을 바꿀 때에 호흡휴지를 한다. 입을 가볍게 다무는 것에 주의해야 한다. 뱀 그림에 색을 정확히 칠할 필요는 없으며, 중요한 것은 색을 칠하고 동작을 하는 가운데 목소리를 동반하는 것이다.
놀이 자세와 태도	이 놀이는 책상에서 실시한다. 준비된 뱀 그림 자료는 미끄러지는 것을 방지하기 위해 책상에 고정시킨다.
주의 사항	아동이 비강으로 충분히 호흡을 하지 못할 경우나 코를 훌쩍거리는 경우 놀이를 끝내고, 비강인지 놀이를 한다.

3 뱀 꿈

놀이 이름	뱀 꿈
준비물	색칠한 자료 부록 7을 투명 비닐봉투에 넣는다.
사전 준비	비강호흡이 가능한지 테스트하고 코를 푼다.

놀이 규칙	아동과 치료사는 색칠한 뱀 그림을 투명 비닐봉투에 넣어 각자 앞에 놓는다. 뱀의 머리에서 꼬리 방향으로 손가락으로 선을 긋듯 움직이며, 이 움직임에 따라 코로 천천히 숨을 들이쉰다. 꼬리에서 머리로 돌아올 때쯤 뱀이 맛있는 음식을 생각하며 꿈꾸듯이 /ㅁ/ 하면서 허밍을 한다. 뱀 머리에 다다르면 각자 생각한 음식을 말한다. 이 방법으로 놀이를 반복한다.
놀이 응용	치료사가 작은 소리로 같이 허밍을 하다가, 치료사가 먼저 소리의 변화를 주고 아동이 따라서 한다. 예를 들면, 한 번은 밝게 소리를 내고, 또 한 번은 어둡게 소리를 내면서 변화를 시도할 수 있다. 또는 아동의 허밍에 치료사가 화음을 넣을 수 있다.
놀이 목적	■ /ㅁ/를 통해 입술에 대한 인식 ■ 화음을 넣은 허밍은 음량을 강화시킨다. ■ 비강호흡(의식적으로 코로 숨을 쉰다) ■ /ㅁ/를 통해 비강의 진동이 가능하다. ■ 청각적 인지 경험 ■ 집중력과 주의력 향상
참고 사항	아동이 장시간 비강호흡을 할 수 있어야 하므로 놀이시작 전에 비강호흡을 테스트한다(102쪽 참조). 아동의 호흡주기에 주의하며, 연필을 바꿀 때에 호흡휴지를 한다. 입을 가볍게 다무는 것에 주의해야 한다.
놀이 자세와 태도	이 놀이는 책상에서 실시한다. 준비된 뱀 그림 자료는 미끄러지는 것을 방지하기 위해 책상에 고정시킨다.
주의 사항	호흡량이 작을 경우 뱀 그림을 작게 만들어 사용해야 한다. 뱀 그림의 길이는 아동의 호흡량에 맞게 크기를 조절해서 사용한다.

4 잠자는 토끼

놀이 이름	잠자는 토끼
준비물	부록 8을 6장 복사하고, 부록 9를 1장 복사한다.
사전 준비	준비물을 복사해서 치료실 여러 곳에 배치해 둔다.

놀이 규칙	아동과 치료사가 잠자는 토끼에게로 가서 토끼의 털을 쓰다듬으며 토끼를 깨운다. 이때 부드럽게 허밍을 한다. 소리 높낮이를 바꿔 가면서 할 수 있다.
놀이 응용	① 토끼가 모두 일어나면, 토끼 하나를 갖고 코로 냄새를 맡는다. 이때 코를 씰룩거리며 많이 움직인다. 토끼가 풀을 찾아 입을 오물거리고 입맛을 다시며, 천천히 그리고 빨리 씹으며 아침을 먹는다. ② 치료사와 아동이 각각 토끼 역할을 한다. 허밍을 하며 토끼처럼 치료실을 깡충깡충 뛰어다닌다. 혹은 토끼와 관계된 동요를 부를 수도 있다.
놀이 목적	■ 부드러운 발성을 경험하고 습득한다. ■ 코의 움직임을 경험한다. ■ 허밍을 하면서 씹는다. ■ 구강운동 ■ 신체적 운동과 발성
참고 사항	이 놀이에는 승자와 패자가 없다.
놀이 자세와 태도	이 놀이는 움직이면서 실시한다.
주의 사항	없음

5 나는 양탄자

놀이 이름	나는 양탄자
준비물	가벼운 인조 천
사전 준비	없음

놀이 규칙	아동은 천의 양끝을 손으로 잡아 편 상태로 공중에 날린다. '나는 양탄자'가 천천히 바닥에 떨어진다. 나는 양탄자가 바닥에 떨어지는 동안에 아동은 /음/ 하면서 허밍을 한다.
놀이 응용	/ㅁ/를 /ㅅ/나 모음 등으로 바꾸어 해도 된다.
놀이 목적	■ 소리 울림의 경험 ■ 자신의 음성적 가능성에 대한 인식 ■ 신체에 대한 주의력은 호흡의 긴장을 향상시킨다. ■ /ㅁ/를 통한 입 다물기(입술 긴장을 높인다) ■ 호흡휴지 ■ 집중력, 주의력, 지구력 향상
참고 사항	아동 각자의 호흡과 발성 능력에 주의하며, 각각의 능력에 따라 조절한다.
놀이 자세와 태도	이 놀이는 일어서서 또는 구부린 자세에서 할 수 있다.
주의 사항	없음

6 시골 가는 길

놀이 이름	시골 가는 길
준비물	테니스공, 부록 11과 부록 12 혹은 다른 자료
사전 준비	자료집의 자료를 잘라서 바닥에 놓는다. 동물인형을 사용해도 된다.

놀이 규칙	아동 A: ① 테니스공을 발로 잡는다. ② 눈을 감는다. ③ 공을 가볍게 차서 굴린다. 아동 B: ① 공이 구르기 시작할 때에 소리를 낸다. ② 아동 A는 아동 B가 소리를 내는 동안 같이 소리를 낸다(/ㅁ/ 혹은 /ㅅ/). ③ 아동 B는 구르던 공이 서면 소리 내는 것을 중단하고, 아동 A는 눈을 뜬다. 아동 B는 아동 A에게 공에 맞은 물건을 준다. 아동 A와 아동 B가 역할을 바꾼다.
놀이 응용	없음
놀이 목적	■ 테니스공을 시각적으로 따라 움직이는 것은 소리를 형성할 때 신체 긴장을 이완시킨다. ■ /ㅁ/를 통한 입 다물기 ■ 테니스공을 찰 때에 힘이 조절된 신체긴장이 요구된다. ■ 청각적 인지 교육 ■ 호흡휴지 ■ 집중력 훈련
참고 사항	시골 가는 길은 어려운 놀이다. 눈을 감은 아동은 소리 인지를 위해 많은 집중력이 필요하다.
놀이 자세와 태도	없음
주의 사항	아동이 눈을 감고 있는 것에 어려움을 보일 경우 눈을 뜬 상태에서 놀이를 실시한다.

7 균형 놀이

놀이 이름	균형 놀이
준비물	빨대, 출발선과 도착선의 표시, 끈, 스티커, 설압자
사전 준비	출발선과 도착선을 표시한다. 비강호흡이 가능한지 테스트를 한다(102쪽 참조).

놀이 규칙	끈으로 출발선과 도착선을 바닥에 표시한다. 아동은 출발선에서 빨대를 검지에 올려놓고 균형을 맞추고 도착선을 향해 출발한다. 도착선으로 가는 동안 호흡과 허밍을 한다. 이때 치료사는 아동이 입을 다물고 비강호흡을 하는지 관찰한다. 도착선에 도착하면 역할을 바꾼다. 입을 다물고 도착선에 도착하면 아동은 스티커 2개를 받는다. 빨대가 손가락 위에서 균형을 잡고 그대로 있으면 보너스로 1점을 추가로 얻는다. 실패할 경우에는 스티커가 없다. 6회를 실행하여 가장 많은 스티커를 얻은 아동이 이기게 된다.
놀이 응용	장애물을 설치해서 놀이를 할 수 있다.
놀이 목적	■ 신체에 대한 주의력은 호흡의 긴장을 향상시킨다. ■ 비강호흡과 입 다물기에 대한 의식화 ■ /ㅁ/를 통한 입 다물기(입술 긴장을 높인다) ■ 비강호흡과 입 다물기를 요구하고, 긍정적 보상을 한다. ■ 입 다물기에 대한 자기인식 ■ 치료사의 비강호흡과 입 다물기에 대한 인식 ■ 운동을 통한 호흡자극 ■ 집중력, 주의력 향상
참고 사항	입 다물기가 어려운 경우에는 설압자나 대일밴드를 입술에 물고 놀이를 할 수 있다. 이 놀이는 다양하게 규칙을 바꿔서 실행할 수 있으며, 놀이 중에 아동이 새로운 응용 아이디어를 제시하는 경우도 많다.
놀이 자세와 태도	없음
주의 사항	아동이 입 다물기에 어려움을 보일 경우 놀이를 중단하고 아동에게 적합한 다른 놀이를 실시한다.

8 꿀 모으기

놀이 이름	꿀 모으기
준비물	부록 10과 11
사전 준비	벌 그림을 오려서 검지에 끼우고, 자료는 설명에 따라 만든다. 꽃은 책상이나 바닥에 늘어놓는다. 출발선과 도착선을 표시한다.

놀이 규칙	아동은 /마, 메, 미/ 소리를 내면서 벌을 낀 손가락을 3회 부드럽게 움직인다.
놀이 응용	① 치료사는 놀이 중에 음성을 변화시킴으로써 아동에게 청각적 예를 제시할 수 있다. 아동이 경우에 따라서 치료사를 흉내 낼 수 있으나, 아동에게 모방을 요구해서는 안 된다. 꽃에서 꽃으로 움직일 때에는 충분한 휴식시간을 주어 호흡근육을 이완시키도록 한다. ② /마, 메, 미/ 소리 이외에 /파, 페, 피/ 소리와 같은 다른 소리를 사용해도 좋으나, 가능한 양순음을 사용하는 것이 좋다. ③ /무, 뭐, 모/와 같이 모음을 변화시켜 새로운 소리를 사용할 수도 있다.
놀이 목적	■ 음성 변화 ■ 입 다물기(비강호흡) ■ 손가락의 부드러운 움직임은 부드러운 발성을 유도하는 데 도움이 된다.
참고 사항	없음
놀이 자세와 태도	종이를 벽에 붙여서 놀이를 할 경우 일어서서 할 수 있다. 또한 꽃을 치료실 곳곳에 놓아 아동이 꽃에서 꽃으로 움직이면서 놀이를 할 수 있게 한다.
주의 사항	아동이 놀이를 너무 빨리 진행할 경우 호흡근육을 이완시킬 수 있는 휴지 시간이 짧다. 이 경우에는 꽃과 꽃 사이를 멀리 떨어뜨려 놓고, 진행 시간을 늦춘다. 치료사가 같이 놀이를 하면서 속도 조절을 유도한다.

'꿀 모으기' 놀이를 하고 있는 아동

벌을 끼고 있는 검지로 꽃을 부드럽게 찍는다.

9 동물 울음소리 대회

놀이 이름	동물 울음소리 대회
준비물	부록 12와 13, 클립 6개
사전 준비	자료는 설명에 따라 만든다. 동물카드는 복사를 해서 아랫부분을 꺾어 클립을 중앙에 끼워 세울 수 있게 한다.

놀이 규칙	아동의 집중력과 지구력에 따라 놀이판을 준비한다. 아동은 각자 3개의 동물 그림을 선택한다. 동물 주사위를 던져 나온 동물의 울음소리를 내며 놀이판에서 동물을 움직인다.
놀이 응용	부록 9의 잔디 그림을 치료실 바닥에 펼쳐 놓는다. 주사위를 던져서 나온 동물의 울음소리를 내면서 해당 동물카드를 잔디에 놓는다. 이때 해당 동물의 움직임도 흉내를 낼 수 있다. 걷고, 달리고, 날고, 뛴다. 아동이 동물의 움직임과 소리를 낼 때에 치료사도 같이 하면 아동의 흥을 돋울 수 있어 좋다.
놀이 목적	■ 다양한 음의 높낮이를 놀이를 통해 시도해 본다. ■ 자신의 음성적 가능성을 경험한다. ■ 음성 변화를 인지하고 재생하는 경험을 한다. ■ 청각적 인지
참고 사항	아동은 개성에 따라 동물 소리를 낸다. 치료사는 놀이 시작 시에는 음성 변화를 요구하지 말고 단지 제시만 한다. 놀이를 반복하여 할 경우 아동에게 음성 변화를 조금씩 요구한다.
놀이 자세와 태도	아동이 움직이려고 하면 제재할 필요는 없다. 놀이판을 책상 위에 놓고, 아동은 책상 주위를 움직인다. 아동은 걸을 수 있고, 길 수 있고, 뛸 수도 있다.
주의 사항	없음

'동물 울음소리 대회' 놀이를 하고 있는 아동

소 울음소리 '음메'를 낼 때에 입술을 동그랗게 만들고,
눈은 크게 뜨고, 소리는 부드럽게 낸다.

10 메아리 놀이

놀이 이름	메아리 놀이
준비물	부록 14의 카드 10장
사전 준비	카드를 복사해서 치료실의 구석 두 곳에 나누어 놓는다.

놀이 규칙	아동을 두 그룹으로 나누어 카드가 놓여 있는 양 구석에 모이게 한다. 양손을 모아 메가폰처럼 입에 댄다. 한 아동이 손 메가폰을 통해 울리듯 질문하면, 다른 사람은 메아리처럼 /마마마/ 혹은 /므므므/ 등과 같이 대답한다. 소리를 가능한 한 작게 하여 다른 사람이 주의를 기울이도록 한다. 이 놀이에서 아동은 서로 보지 못하게 하는 것이 좋으며, 의자나 책상 등으로 거리를 두고 놀이를 실시하는 것이 좋다.
놀이 응용	크기와 높낮이를 조절하여 음성을 변화시킬 수 있다.
놀이 목적	■ 주의 깊게 듣는 것을 배운다. ■ 다양한 소리에 대한 모방 ■ 소리의 크기 변화에 대한 차이 인식 ■ 신체에 대한 주의력은 호흡의 긴장을 향상시킨다. ■ 비강호흡과 입 다물기의 의식화 ■ 자신의 음성 변화 가능성에 대한 인식 ■ /ㅁ/를 통해 입 다물기를 하며 입술 긴장이 향상된다. ■ 집중력, 주의력, 지구력 향상
참고 사항	읽기가 가능한 아동이어야 한다.
놀이 자세와 태도	이 놀이는 의자에 앉아서뿐만 아니라 서서도 할 수 있다.
주의 사항	아동이 울리듯 소리를 내지 못하면 치료사가 먼저 보여 주어야 한다.

[11] 소리 나는 걸음

놀이 이름	소리 나는 걸음
준비물	글이 쓰인 종이 18장('맘'이 쓰인 빨간색 종이 3장, '밈'이 쓰인 노란색 종이 3장, '뭄'이 쓰인 파란색 종이 3장, '맴'이 쓰인 흰색 종이 3장, '몸'이 쓰인 주황색 종이 3장, '멤'이 쓰인 초록색 종이 3장), 주사위 1개
사전 준비	준비된 종이를 섞어서 치료실에 나누어 놓는다. 신발을 벗고 출발선과 도착선을 표시한다.

놀이 규칙	주사위를 던져 나온 수만큼 두 발로 종이 위를 걸으며 적힌 소리를 낸다. 도착선에 먼저 이른 사람이 이긴다.
놀이 응용	① 소리의 강도는 작은 소리와 큰 소리로 바꾸어 가면서 할 수 있으며, 높낮이도 바꾸어 가면서 할 수 있다. ② 치료실이 클 경우 종이 사이의 간격을 넓혀 놓고, 한 종이에서 다음 종이로 이동할 때까지 앞서 낸 소리를 유지하면서 움직인다. ③ /ㅁ/ 소리는 /ㅅ/나 그 밖의 다른 소리로 바꾸어서 할 수도 있다.
놀이 목적	■ 각 소리의 청각적 · 시각적 차이 인식 ■ 발을 바닥에 붙이는 점을 강조한다. ■ 모음의 변화에 대한 학습 ■ 소리의 높낮이와 크기 변화를 통해 청각적 소리의 변화를 인식할 수 있다. ■ 자신의 음성 변화 가능성에 대한 인식 ■ 신체에 대한 주의력은 호흡의 긴장을 향상시킨다. ■ /ㅁ/ 소리를 통해 입 다물기를 하며 입술 긴장이 향상된다. ■ 집중력, 주의력, 지구력 향상
참고 사항	읽기가 가능한 아동이어야 한다. 아동에 따라 호흡과 음성 상태가 다르므로 각 아동의 수준에 맞게 조절해야 한다.
놀이 자세와 태도	이 놀이는 움직이면서 한다.
주의 사항	음성 변화가 불가능할 경우, 연습을 자주한다. 음성 변화는 아동이 가능할 경우에만 요구한다.

3. 회기 구성과 치료 진행

이 책에 소개된 호흡 놀이를 어떻게 치료 상황에 적용할 수 있는지 살펴보기 위해 회기의 진행에 대한 몇 가지 예를 다음에서 소개하고자 한다. 모든 치료는 아동 개개인에게 맞게 구성되어야 하므로 회기의 진행을 똑같이 해서는 안 된다. 그러나 아동의 증상이 유사한 경우 진행 순서는 그대로 따라도 무방하다.

1) 중복 조음장애의 치료 회기 보고서

나이	4세 6개월	성별	남
진단명	중복 조음장애, 구강호흡	치료시간	45분
장기목표	① 비강호흡 확보 ② 조음 개선		
회기목표	■ 연구개 근육의 기능 강화와 아동의 신체긴장도 조절 ■ 혀로 골 만들기와 이에 대한 감각인지 훈련(혀로 골 만들기는 정확한 /s/, /ʃ/를 조음하는 데 필요) ■ /s/로 시작하는 새로운 낱말의 습득		
치료경과	첫 번째 치료 회기에서는 구강부위를 자극하였다. 입 다물기를 중심으로 치료가 진행되었으며, 특히 코 부위의 마사지와 냄새 맡기 놀이를 통해 비강호흡을 활성화하였다. 또한 혀의 움직임을 유도하는 훈련도 중점적으로 실시되었다. 아동에게 맞는 불기 연습을 통해 /ʃ/ 조음이 가능하게 되었다. 호흡과 혀의 움직임에 대한 신체적 인지가 발달되었다(/ʃ/의 정확한 조음의 조건이 되는 혀로 골 만들기). 아동은 이미 빨기를 통한 들숨의 기능을 습득하였다.		

5회기째 치료내용	신체 긴장도 증진을 위한 훈련이 먼저 실시되었다. 아동은 '균형보드'(플라스틱으로 된 반구) 위에 선다. 자연스러운 입 다물기를 위해 실을 입술 사이에 가볍게 문다. ⇨이 놀이를 통해 아동은 본격적인 치료를 시작할 수 있다. 신체 긴장의 변화는 즉시 나타나는 것이 아니라 몇 가지 놀이를 한 후에 나타나므로 /호/-불기 놀이를 준비한다. /호/-불기 놀이를 위해 주름빨대와 색이 있는 이쑤시개, 그리고 입을 벌리고 있는 사자 그림이 필요하다. 사자 입 그림은 칠판에 세워 놓는다. 빨대를 꺾고 긴 쪽을 입에 가볍게 물고 짧은 쪽에 이쑤시개를 넣는다. 짧고 힘찬 날숨으로 이쑤시개를 사자 입을 향해 불어 날린다. 불고 난 후에 사자 입 그림을 보고 누가 사자 입을 맞췄는지 확인한다. ⇨이 놀이를 통해 아동은 자신의 날숨을 목표물에 조절하고 짧게 끊어서 실행할 수 있는 능력을 배울 수 있다. 이 놀이를 위해서는 자신의 호흡 힘과 혀 근육의 긴장성 증가와 관련된 신체경험이 필요하다. 날숨이 조절되어야 한다. 이 놀이가 끝난 후에 '빨아 붙이기' 놀이(170쪽 참조)를 실시하였다. 놀이에 따라 작은 깔때기(검이경 팁)가 필요할 수 있다. 빨아 붙이기 놀이를 놀이 설명에 따라 실시한다. ⇨경험에 비추어 볼 때 아동이 하고 싶은 놀이를 스스로 고르게 하는 것이 매우 중요하다. 아동은 이전 놀이와의 연결에서 다음에 어떤 놀이가 필요한지 잘 알고 있다고 생각된다. 빨아 붙이기 놀이는 10분 이상 소요되는 경우가 종종 있으나, 짧은 시간 내에 할 수 있는 빨아 붙이기 놀이도 있다. 빨아 붙이기 놀이는 놀이가 진행됨에 따라 힘이 많이 들 수 있기 때문에 아동이 놀이 중에 하는 말에 주의를 기울여야 한다(예를 들어, '배가 아파요.' '더 하기 싫어요.' '속이 이상해요.' 등). 모든 빨기 놀이는 혀 근육과 연구개 근육을 활성화시킨다. 이것은 다시금 아동의 신체 긴장에 긍정적으로 영향을 미친다.

5회기째 치료내용	다음으로는 '냄새 맡기' 놀이를 한다. 다섯 번째 치료회기에 이르면 아동은 이미 다양한 냄새 맡기 놀이를 알고 있다. 따라서 아동의 흥미유발을 위해 '코를 훌쩍거리는 놀이'(164쪽 참조)와 같은 새로운 냄새 맡기 놀이를 준비한다. 이 놀이는 맡은 냄새를 해당 그림에 연결하는 것이다. 이 놀이는 미리 준비해 놓는다. ⇨ 모든 냄새 맡기 놀이는 비강호흡을 활성화시키며, 후각기관인 코를 아동이 인지하게 한다. 들숨은 코를 통해 이루어지며, 이 과정을 의식적으로 인지하게 된다. 냄새 맡기 놀이는 주의력과 집중력, 기억력 향상에 도움이 된다.
	마지막으로 /호/-불기 놀이인 '경사면'(216쪽 참조)을 선택했다. 이 놀이에서는 /ʃ/로 시작하는 낱말카드를 사용하였다. 먼저 주어진 놀이 규칙에 따라 놀이를 진행하였다. ⇨ 아동이 /ʃ/ 소리로 강하게 바람을 불어 구슬을 '경사면' 밖으로 나가게 한다. 이것이 불가능한 경우에는 놀이 규칙을 바꾼다(아동이 동그랗게 모은 입으로 바람을 분다). 불기에서는 볼근이 훈련되며, 공기가 입의 가운데 부분으로 흘러나옴으로써 혀의 골 만들기가 형성된다
	집에서 연습하기 위해서 마지막에 승리한 아동에게 낱말카드를 선물한다.

■ 참고사항

들숨을 강조하는 부분과 날숨을 강조하는 부분을 반복적으로 실행하는 원칙을 이 치료회기에서 분명히 하고 있다. 이것은 호흡의 재생을 도우며(Schlaffhorst-Andersen 방법), 조음을 위한 조건을 확립할 수 있다.

2) 과대비성의 치료 회기 보고서

<table>
<tr><td>나이</td><td>4세 9개월</td><td>성별</td><td>여</td></tr>
<tr><td>진단명</td><td>과대비성(Rhinolalia aperta), 구강호흡</td><td>치료시간</td><td>45분</td></tr>
<tr><td>장기목표</td><td colspan="3">① 비강호흡 확보
② 과대비성 제거</td></tr>
<tr><td>회기목표</td><td colspan="3">■ 파열음 /p/－/t/－/k/의 적용과 아동의 신체 긴장을 통해 연구개 근육 강화
■ 비강통로를 의식적으로 느끼고 그것을 발화에 사용함
■ 아동은 빨기 놀이를 통해 들숨 기능이 학습되어 있어야 함</td></tr>
<tr><td>치료경과</td><td colspan="3">첫 번째 치료 회기에서는 단추를 이용한 입 다물기 훈련(Adams, 2002: 30ff 참조)을 하고, 비강호흡을 활성화시키기 위해 냄새 맡기 놀이를 실시하였다. 또한 다양한 /호/－불기 놀이를 실시하였다.</td></tr>
<tr><td>3회기째 치료내용</td><td colspan="3">신체긴장 조절을 위한 훈련을 먼저 실시한다. 아동이 공을 잡고 뛰도록 자극한다. 앉아서 뛰거나 서서 뛰거나 상관이 없다. 매 날숨 시 /p/ 소리를 낸다. 이 부분이 잘 이루어지면, 아동에게 물이 든 컵을 건넨다. 아동은 물을 한 모금 입에 문 상태에서 계속 뛴다. 치료사는 아동이 안전하게 느낄 수 있도록 두 손을 잡아 준다(그 전에 치료사는 아동의 비강통로가 열려 있는 것을 확인해야 한다). 이 훈련은 신체 전반의 긴장을 유도하며, 비강통로를 인지하게 한다.
⇨ 비강호흡은 활동 시에도 또한 가능해야 한다.

다음으로 /호/－불기 놀이를 아동에게 제시한다. 불기 놀이에서 '스파클 양초'를 사용한다. '스파클 양초'는 불어서 끄면 다시 불꽃이 살아나는 특성이 있어 아동에게 흥미를 유발시킬 수 있다. 이 놀이는 몇 분간만 실행한다.
⇨ '스파클 양초'를 이용한 놀이를 장시간 실행할 경우 과호흡을 야기할 수 있으므로 주의해야 한다. 아동이 어떤 형태로 숨을 들이쉬는지 주의</td></tr>
</table>

3회기째 치료내용

깊게 관찰해야 한다. 아동이 호흡하는 소리가 들릴 정도로 거칠게 구강호흡을 한다면, 손등에 '향이 나는 밴드'(157쪽 참조)를 붙이고 코로 냄새를 맡으며 숨을 들이쉬도록 유도한다. 이 놀이를 통해 아동은 자신의 날숨을 목표물에 조절하여 강하게 사용할 수 있는 방법을 배운다. 횡격막뿐만 아니라 연구개의 근육이 집중적으로 활성화된다. 그러다 보면 아동은 의도에 따라 날숨을 사용할 수 있게 된다.

이 놀이가 끝난 후에 빨기 놀이를 시작한다. 먼저 병뚜껑에 물을 약간 채운 후에 이를 이용해 빨기의 들숨 기능을 아동에게 인식시킨다. 아동에게 빨대로 물을 빨아들일 것을 요구하고, 이것이 가능하면 병뚜껑을 빨아 빨대에 붙인 채 몇 초 동안 유지하게 한다. 그렇지만 언제나 한 번에 성공하지 못하는 경우도 있다.

⇨ '물을 마신다고 생각하고 해 봐.' '소리 내서 빠는 것처럼 해 볼까?' '그렇지. 그렇게 계속해 봐. 잘한다.' 등과 같은 말로 치료사는 아동에게 도움을 줄 수 있다. 빨기의 들숨 기능은 특히 연구개 긴장에 매우 좋은 훈련이다.

아동에게 아직 힘이 남아 있다면 '청소기' 놀이를 할 수 있다. 약 3~4cm 크기의 종잇조각을 책상이나 바닥에 펼쳐 놓는다. 빨대에 작은 깔때기(건이경 팁)를 끼운 다음에 종잇조각을 빨아서 모은다.

⇨ 이 놀이를 통해 아동은 빨기를 배우고 할 수 있다는 긍정적 경험을 하게 된다.

다음으로 /호/-불기 놀이를 실시한다. 주름빨대를 사용하며, 앞서 사용했던 빨대에서 작은 깔때기를 빼서 사용하면 된다. 아동은 자신이 좋아하는 색의 장식용 이쑤시개를 골라 빨대에 꽂는다. 힘차게 숨을 내쉬어 장식용 이쑤시개를 날린다. 누구의 이쑤시개가 가장 멀리 날아가는 가로 시합을 할 수 있다.

⇨ 이 놀이는 횡격막 훈련에 도움이 될 뿐만 아니라, 연구개 긴장도의 증가에도 도움이 된다. 이것은 아동의 신체긴장도와 발음에 영향을 미친다.

몇 분 정도 휴식을 한 후에 끝으로 냄새 맡기 놀이를 실시한다. 아동이 몇 가지 향기 중에 하나를 골라 치료사에게 냄새를 맡게 한다. 아동은 향기통

3회기째 치료내용	을 들고 치료실을 돌아다니고 치료사는 계속 냄새를 맡으며 아동을 따라다닌다. 아동과 치료사가 역할을 바꿔서 실행한다. 이때 아동의 입이 자연스럽게 닫혀 있는지를 주의 깊게 관찰해야 한다. ⇨ 모든 냄새 맡기 놀이는 비강호흡을 활성화시킨다. 냄새 맡기 놀이를 통해 아동은 후각기관인 코를 인식하고, 들숨통로로 의식적으로 사용할 수 있게 된다. 냄새 맡기 놀이는 주의력, 집중력, 기억력 향상에도 도움이 된다. 그 밖에 냄새 맡기 놀이를 운동과 연결하여 실시할 수 있다. 활동적인 운동을 통해 활동적인 호흡을 유발할 수 있다. 집에서 연습할 수 있도록 빨대와 색색가지 장식용 이쑤시개를 가족 수에 맞춰 선물한다.

3) 근기능 장애의 치료 회기 보고서

나이	9세 4개월	성별	남
진단명	혀기능 저하, 유아적 삼킴 형식, 구강호흡, 구강안면부위의 운동이상	치료시간	45분
장기목표	① 생리적 비강호흡의 습득 ② 정확한 삼킴형태의 습득		
회기목표	■ Garliner 방법에 의한 근기능 치료(myofunctional therapy, MFT) 프로그램을 이용해 구강조음기관의 기능 증진, 즉 고무줄(Orthodontic Elastics) 2개를 이용한 삼키기 훈련, 중설에서 조음되는 낱말목록, 입술훈련(특히 자연스러운 입 다물기를 유도할 수 있는 것) ■ 냄새 맡기 훈련 등을 통해 코 기능을 인식하게 함		
치료경과	첫 번째 치료 회기에서 문제점을 정확히 찾고, 입술과 혀를 민감하게 하기 위한 자극을 주었다(설압자를 이용해 누르고, 두드리고, 당기고, 미는 작		

치료경과	업을 통해 할 수 있다). 그리고 비강통로가 확보되었는가를 검사하였다(102쪽 참조). 정확한 혀의 위치를 유도하였으며, 지금까지 매일 20분씩 혀끝을 '앞니유두(incisive papilla)'에 유지하게 하였다(매주 천천히 강도를 높임). 이 훈련 중에 입 다물기가 가능한지 주의 깊게 관찰하였다. 이 과정을 철저히 배우고 정확하게 훈련하였다. 고무줄 2개를 이용해 삼키는 것 또한 정확하게 습득하여 할 수 있게 되었다. '혀를 입천장에 붙여 유지하기' 훈련을 통해 설소대를 늘릴 수 있었다(매일 3회, 1회에 15번씩 훈련). 비강호흡은 다양한 냄새 맡기 훈련과 코 풍선 혹은 코끼리 코 및 코 마사지를 통해 인식하게 하였다. '보물찾기'(229쪽 참조)와 같은 호흡놀이를 회기 끝에 실시함으로써 흥미를 유발시킬 수 있었다.
7회기째 치료내용	신체긴장도 조절 훈련으로 치료를 시작한다. 아동과 치료사는 약 2m 거리를 두고 마주 보고 선다. /ʃ/나 /s/와 같은 소리를 내면서 숨을 강하게 내쉬며 아동과 치료사가 서 있는 중간에 공을 던진다. 튕겨 오르는 공을 다른 사람이 받아서 위와 같은 방법으로 공을 다시 상대방에게 건넨다. 이 훈련을 혀차기(혓바닥을 입천장에 붙이고 유지하기)와 파열음을 이용해 할 수도 있다. ⇨ 이 놀이는 상황에 따라 그리고 아동의 신체긴장도에 따라 응용되어 실행된다. 아동이 저긴장도를 보일 경우 아직 호흡긴장도가 필요하므로 파열음이나 강한 혀차기 훈련이 좋다. 전체적으로 소리를 내며 숨을 내쉬는 것은 긴장도의 향상이나 균형을 자극한다. 다음으로 Garliner 프로그램에 따라 훈련을 한다. 각각의 훈련 단위 중간에 호흡과 자세를 교정한다. 공을 바닥에 던지며 혀차기를 실시한다. ⇨ 이 훈련은 신체 전체를 이용하는 방법이다. 공이 바닥에 튕길 때에도 혀는 입천장에 붙어 있어야 한다. 이 훈련은 저항력 훈련에 매우 효과적이다.

7회기째 치료내용	이 훈련 후에 냄새메모리 게임을 한다(최대 4쌍을 찾는다). 냄새메모리 게임을 하는 중에 혀끝은 앞니유두에 고정시키고, 어떤 냄새인지 이 상태로 대화한다. ⇨ 냄새 맡기는 비강호흡과 구강근육 전체의 균형된 긴장을 향상시킨다. 입술훈련 후에 깨물근(masseter muscle) 훈련을 시작한다. 끝으로 '경사면' 놀이(216쪽 참조)를 한다. 놀이 시작에 앞서 팔레트에 낱말목록(Garliner의 MFT 훈련 프로그램 참조)의 일부를 올려놓는다. 아동은 구슬이 들어간 구멍에 있는 낱말들을 큰 소리로 정확하게 말한다. 다음 주까지 연습해야 할 숙제에 대해 이야기를 하고 치료를 끝낸다.

■ 참고사항

위의 회기 진행에서 보듯이 호흡과 자세가 매우 중요하므로 훈련과 놀이를 주기적으로 바꾸는 것이 매우 중요하다. 운동과 관련된 프로그램을 적절히 적용함으로써 아동이 비강호흡을 할 수 있는지를 알 수 있으며, 또한 비강호흡 훈련을 어느 정도까지 해야 하는지를 파악할 수 있다. 아동이 훈련의 기본원리를 정확히 이해하지 못하고 있다고 판단되면, 훈련 프로그램의 수준을 다시 낮추는 것이 좋다. 그리고 치료사로서 아동에게 너무 과도한 훈련을 요구하지 않도록 주의를 해야 한다. 중요한 훈련단계를 너무 성급하게 실행하거나, 중간검사를 하지 않는 경우 정해진 치료 목표를 이룰 수 없는 경우가 발생할 수 있다. 삼킴 기능의 문제는 의식적으로 교정되어야 한다. 삼킴 기능은 치아뿐만 아니라 신체(호흡, 소화, 발성, 언어) 전체와 관계된 건강유지와 관련이 있다.

4) 아동 음성장애의 치료 회기 보고서

나이	10세 4개월	성별	남
진단명	성대결절	치료시간	45분
증상	말을 하기 전에 헛기침을 함, 구강호흡, 잦은 감염, 혀기능 저하, 틱(눈꺼풀), 과제 수행에 대한 지나친 강박증, 과잉 행동		
발성문제	쉰 목소리, 나이에 비해 너무 낮은 음성, 호흡저지와 억누르는 듯한 발성, 단조로운 리듬		
장기목표	① 생리학적 비강호흡과 입 다물기의 습득 ② 자연스러운 리듬을 위한 발성 증진 ③ 음성 사용에 대한 방법 습득 ④ 혀 기능 증진		
회기목표	■ 호흡통로와 입술의 인지와 활성화 ■ 날숨을 이용한 과도한 호흡 긴장의 이완과 유지 ■ 소리와 음성, 소리의 높낮이 구별에 대한 청각적 연습		
치료경과	지금까지 첫 상담과 진단 및 1회 치료를 실시하였다. 진단 당시의 음성상태와 음성의 부정적 발달 가능성에 대한 부모와 아동의 발달력과 가족력 검사를 하였으며, 음성치료에서 사용되는 놀이와 그 영향에 대해 설명하였다. 첫 번째 치료회기에서는 아동과의 라포 형성을 위해 '킁킁거리며 냄새 맡기' 놀이에서 사용되는 향과 다양한 /호/-불기놀이를 하였다.		
2회기째 치료내용	코 풍선(235쪽 참조)을 이용해서 코로 숨을 내쉬는 놀이를 한다. 풍선을 코로 불어서 날려 보내고 풍선이 날아가는 모습을 쳐다본다(풍선을 쳐다보는 동안 호흡근육이 이완된다). 출발선에서 풍선을 가장 멀리 날려 보내는 사람이 점수를 얻는다. 최대 7점까지 한다. ⇨이 놀이는 능력이 아니라 행운이 승부를 좌우하는 놀이며, 따라서 성취도 압박을 피할 수 있다는 점을 강조한다. 이 놀이는 또한 승부를 떠나 단		

2회기째 치료내용	순하게 할 수 있으나, 경험상 승부를 가누는 놀이가 아동에게 흥미를 더 잘 유발한다. 긴장된 날숨의 이완을 통해 활성화된 호흡과 주기적 변화를 위해 '코형사' 놀이를 실시한다(159쪽 참조). 치료실 안에 다섯 가지의 향을 차례로 숨겨 놓고 코를 킁킁거리며 냄새를 맡아 찾는다(코가 막혀 있다면, 먼저 코를 풀고 시작한다). 한 사람은 향을 찾고 다른 사람은 '뜨거워!'나 '차가워!'와 같은 말로 신호를 보내며 도움을 준다. ⇨ '뜨거워!'는 높은 소리로 말하고, '차가워!'는 낮은 소리로 말한다. 이것은 발성의 변화와 리듬에 자극을 준다. 날숨놀이로 '빨대 불기'(200쪽 참조)를 이어서 한다. ⇨ 날아가는 빨대를 쳐다보는 동안 휴식을 취할 수 있으며, 이 휴식은 호흡근육의 이완에 도움이 된다. 빨대가 바닥에 떨어지면 빨대를 주워와 출발선에서 다시 시작한다. 지속된 /호/-불기는 음성장애 아동의 경우 과도한 긴장을 가져올 수 있으므로 호흡휴지가 일어날 수 있게 놀이를 자주 바꾸어야 한다. 도착선은 아동의 호흡에 따라 조절할 수 있으나, 너무 멀리 놓는 것보다는 오히려 가깝게 놓는 것이 좋다. 아동이 멀리 놓는 것에 욕심을 내는 경우에도 가깝게 놓는 것이 좋다. 도착선을 가깝게 놓음으로써 호흡강도가 과도하게 나타나는 것을 피할 수 있다. 다음으로 입술에 관련된 문제다. 입술로 어떤 소리를 낼 수 있을까? 소리가 어떻게 들릴까? 이 소리는 누구에게 어울릴까? 입 다물기가 왜 중요하며, 언제 중요할까? ⇨ 이 문제에 대해 아동에게 설명하거나 같이 이야기한다. 이어서 새롭게 알게 된 것을 '균형 놀이'(252쪽 참조)에서 사용해 본다. 빨대를 집게손가락 위에 놓고 중심을 잡아 출발선에서 도착선까지 이동하며, 이때에 입을 다물어야 한다. 아동이 놀이를 실시할 때 치료사는 아

2회기째 치료내용	동이 입을 다물고 있는지 관찰하고, 역할을 바꾸어 실행한다. 입을 다문 채로 빨대를 떨어뜨리지 않고 도착선에 도착하면 3점을 준다. 빨대를 떨어뜨리지 않고 도착선에 도착했으나, 입을 다물지 않았다면 1점을 준다. 빨대를 도착선까지 운반하지 못했지만, 입을 다물고 있었다면 2점을 준다. 응용: ■ 입 다물기가 불가능하다면 '테이프'(예민한 피부에는 자극적이다)를 접어서 입술 사이에 물어 고정시킬 수도 있다. ■ 이 놀이가 쉬운 경우 빨대를 옮기는 동안 허밍을 할 수도 있다. 이 경우에 호흡은 코로만 하여야 한다. 집에서 연습할 수 있도록 '향이 나는 밴드'를 선물로 준다. 학교 숙제를 하는 동안 비강 통로를 열어 주는 데 도움이 된다.

■ 참고사항

이 교재의 호흡놀이와 허밍놀이는 다른 음성놀이에 대한 준비훈련이나 보조훈련으로 적합하다. 또한 호흡놀이와 바꿔가면서 사용할 수도 있다. 호흡놀이는 호흡을 자극하며, 발성훈련의 좋은 기초가 된다.

5) 말더듬 증상을 보이는 아동의 치료 회기 보고서

<table>
<tr><td>나이</td><td>7세</td><td>성별</td><td>남</td></tr>
<tr><td>진단명</td><td>말더듬, /s/ 조음장애(sigmatism interdentalis), /ʃ/ 조음장애</td><td>치료시간</td><td>45분</td></tr>
<tr><td>증상</td><td colspan="3">강한 호흡저지, 과잉행동</td></tr>
<tr><td>장기목표</td><td colspan="3">① 아동에 적합한 말더듬 치료 실시
② 긴장된 호흡상황을 극복할 수 있는 호흡놀이의 적용
③ /s/와 /ʃ/의 오조음 개선</td></tr>
<tr><td>회기목표</td><td colspan="3">■ 빨기 기능 습득
■ 불기 놀이와 /후/-불기 놀이 이후에 자유발화 시도</td></tr>
<tr><td>치료경과</td><td colspan="3">부모 상담과 불기놀이를 시작하였으며, 혀 운동과 조음훈련을 실시하였다. 또한 자유발화 훈련과 리듬연습도 실시하였다. 지금까지의 치료 회기에서 긴장된 호흡상황에서 호흡놀이를 통해 이완효과가 뚜렷이 나타났다.</td></tr>
<tr><td>7회기째 치료내용</td><td colspan="3">먼저 지난 회기에서 했던 /호/-불기놀이 중의 하나인 '색연필 경주'(208쪽 참조)를 반복한다. 이 놀이에서 /ʃ/로 시작하는 그림카드를 추가한다.
⇨ 호흡근육의 이완을 위한 준비과정이다.

두 번째로 표정놀이를 한다.
⇨ 표정놀이는 안면근육의 이완과 근육작용의 차이, 그리고 인식에 도움이 된다.

다음으로 빨아 붙이기 놀이인 '가방 꾸리기'(176쪽 참조)를 실시한다. 아동은 빨기를 잘할 수 있다.
⇨ 빨기를 한 후에 날숨이 부드러워지는 경우가 많다. 부드러운 날숨을 아동이 편하고 쉽게 습득할 수 있도록 충분한 여유를 준다. 빨고 유지하기는 말더듬 아동에게 익숙한 호흡구조일 수 있으므로 호흡근육을 준비시</td></tr>
</table>

7회기째 치료내용	키기 위해 날숨놀이를 먼저 많이 하는 것이 중요하다. 놀이에서 '빨기'를 실행하는 사이사이에 호흡을 하기 위한 휴지를 갖는다. 가방에 넣을 것을 말하는 것은 '빨기'를 한 후에 실시한다. 이것을 주기적으로 바꿔 가면서 한다. 다음으로 공기 흐름의 조절을 위해 /후/-불기놀이인 '비눗방울 불기'(224쪽 참조)를 한다. 물론 아동이 조절된 호흡기능을 갖추고 있어야 한다. 비눗방울을 창문 밖으로 불어 날리면서 비눗방울이 어디로 날아가며, 세상에서 무엇을 경험할까 하는 동화 같은 이야기를 한다. ⇨아동의 상상력에 따라 자유롭게 말을 하도록 기회를 주고 어떤 심리적 압박도 주어서는 안 된다. 말더듬 치료에서 호흡놀이는 치료사의 판단에 따라 보조적 기능을 할 수 있다.

부록

활용 자료

1. 알아맞히기 놀이

이 놀이는 총 4장으로 구성되어 있다.

1) 알아맞히기 놀이(1)

- 두꺼운 종이에 복사한다.
- 선을 따라 자른다.
- 엽서를 밑에 댄다.

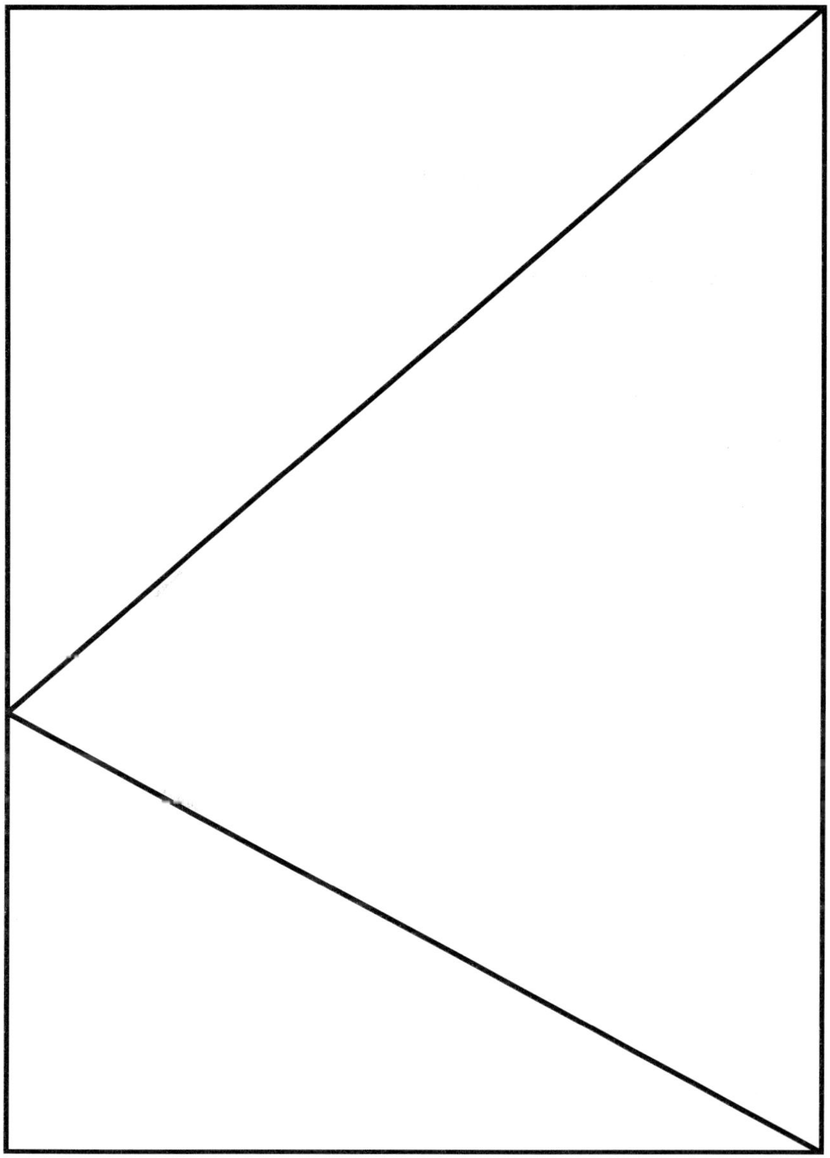

1. 알아맞히기 놀이

이 놀이는 총 4장으로 구성되어 있다.

2) 알아맞히기 놀이(2)

■ 두꺼운 종이에 복사한다.
■ 선을 따라 자른다.
■ 엽서를 밑에 댄다.

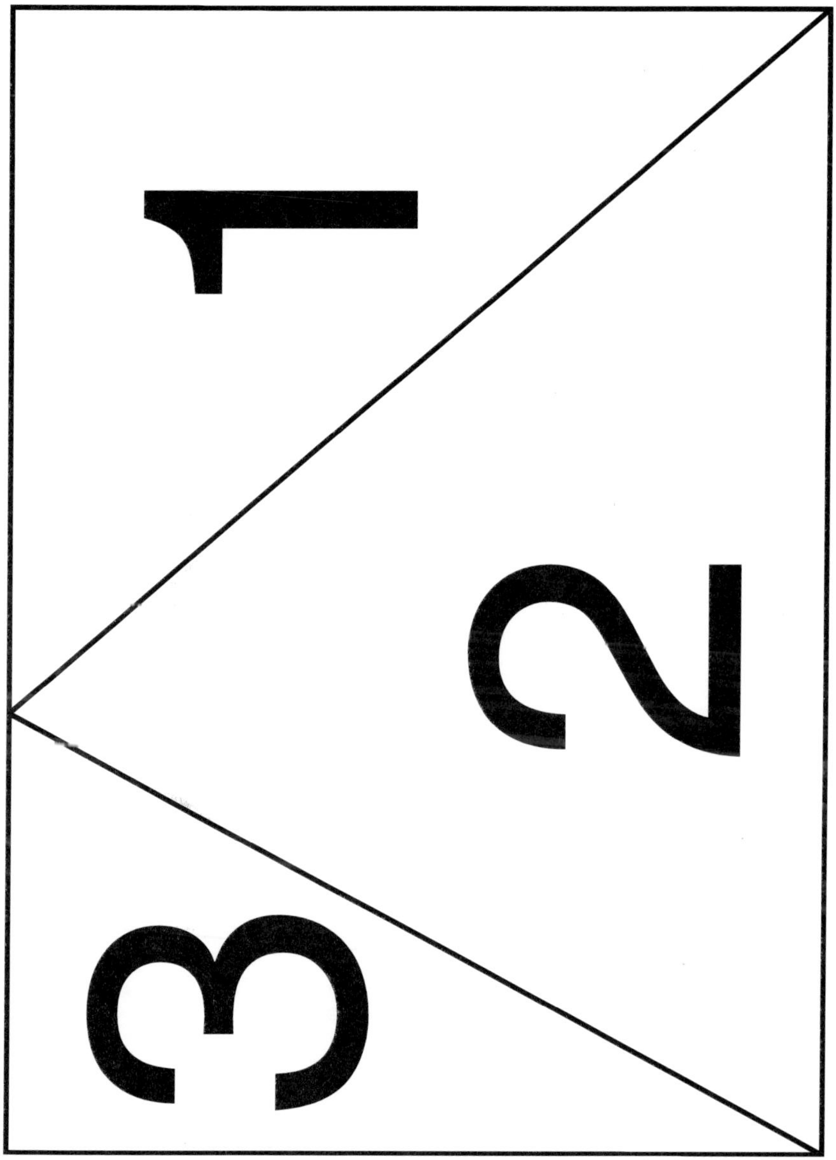
1
2
3

1. 알아맞히기 놀이

이 놀이는 총 4장으로 구성되어 있다.

3) 알아맞히기 놀이(3)

■ 두꺼운 종이에 복사한다.

■ 선을 따라 자른다.

■ 엽서를 밑에 댄다.

그림의 원은 사용하는 주사위의 색에 맞춰 아동과 함께 색칠한다.

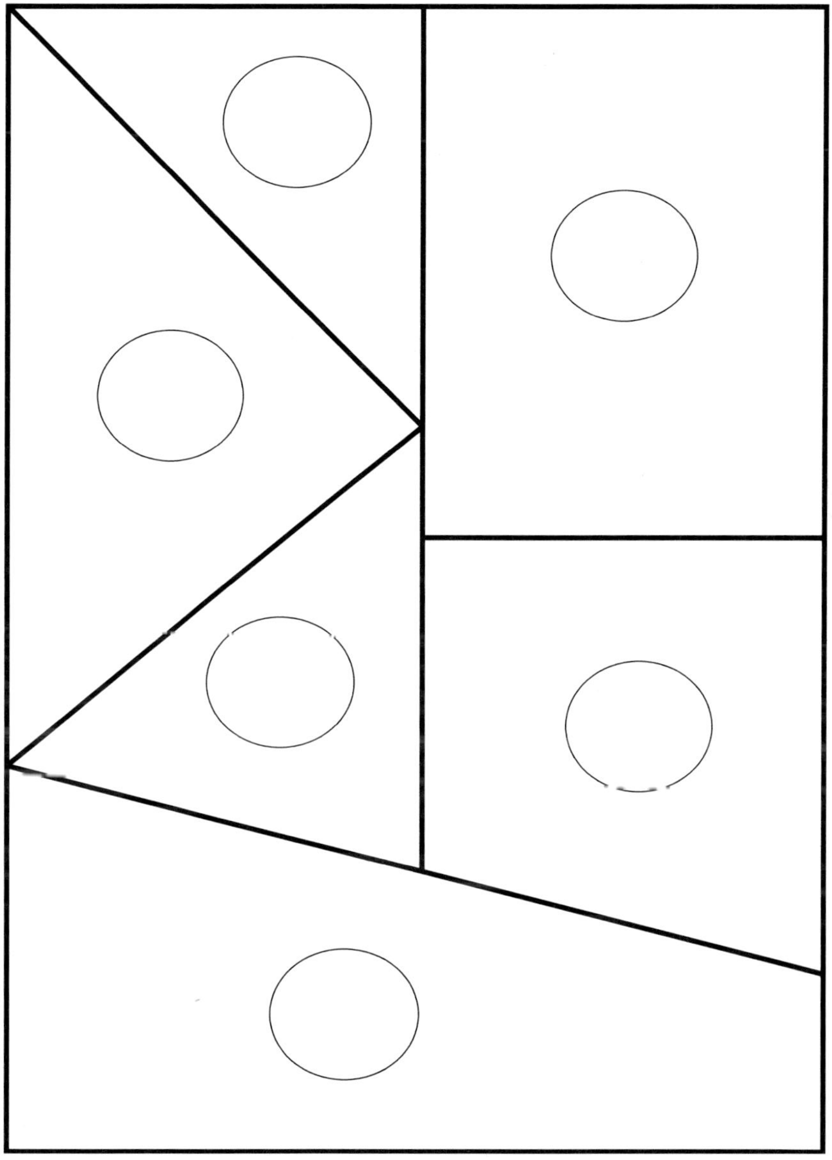

1. 알아맞히기 놀이

이 놀이는 총 4장으로 구성되어 있다.

4) 알아맞히기 놀이(4)

■ 두꺼운 종이에 복사한다.

■ 선을 따라 자른다.

■ 엽서를 밑에 댄다.

4
3
5
6
2
1

2. 입 모양

■ 자료를 복사한다. 필요에 따라 두꺼운 종이에 복사한다.

■ 입 모양 그림에 색칠을 하고 자른다(위생을 위해 놀이에 참여하는 아동의 수만큼 그림을 만든다).

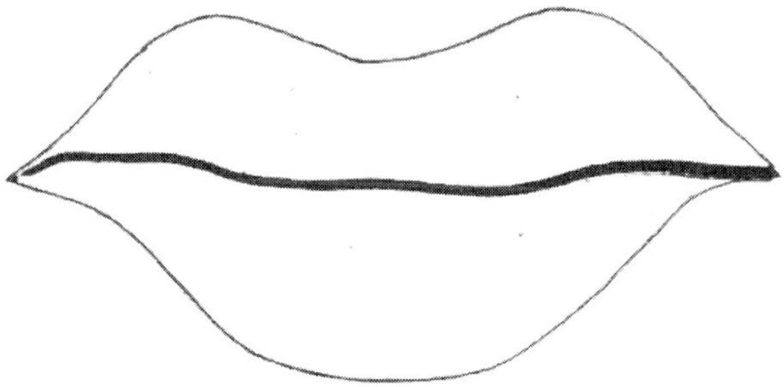

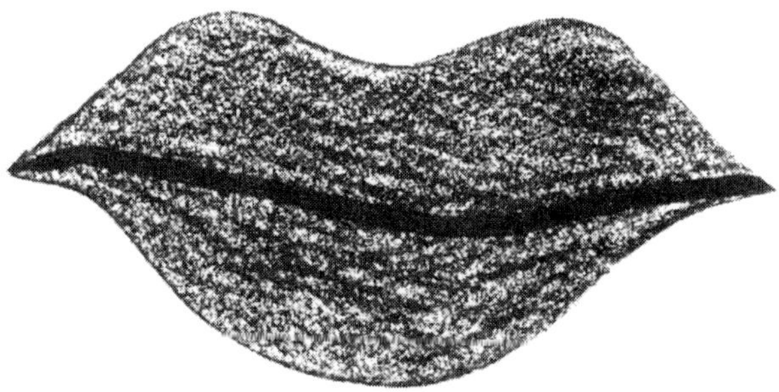

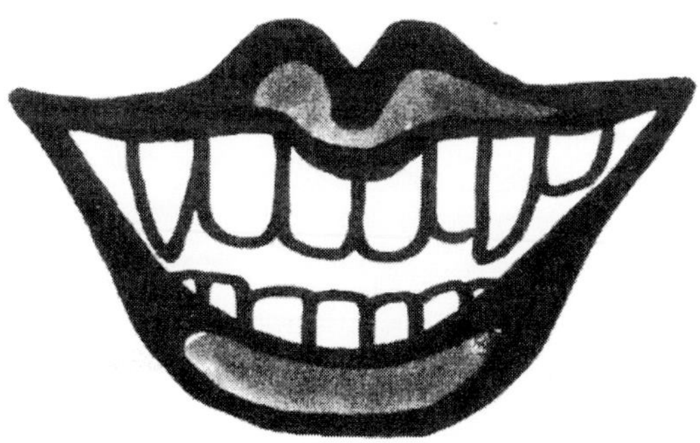

3. 보물섬 놀이

■ 그림을 복사해서 사용해도 되며, 책의 그림을 펴서 책상 위에 놓고 해도 된다.

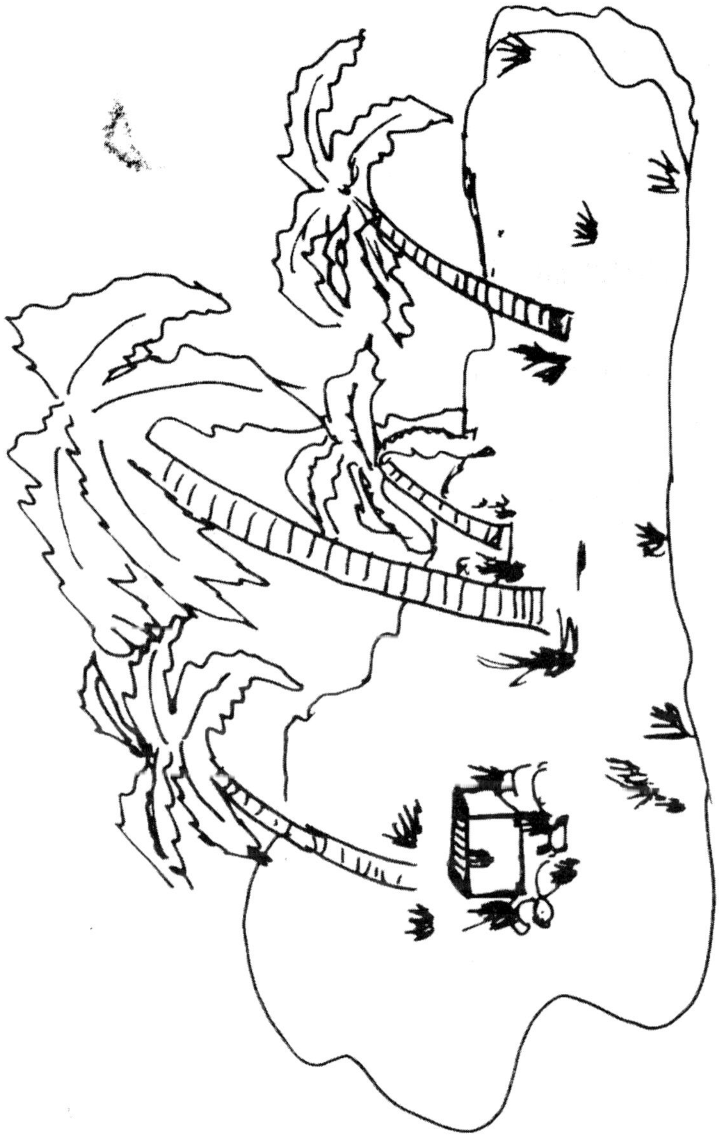

4. 회오리바람 놀이

이 놀이는 총 2장으로 구성되어 있다.

1) 회오리바람 놀이(1)

■ A4 크기에 맞춰 복사한다.
■ 원하는 대로 색칠한다.
■ 선을 따라 접는다.
■ 놀이 참여 아동의 이름이 쓰인 부분 위에 세워 놓는다.

이쪽 면으로 세울 것

출처: Atemspiele

4. 회오리바람 놀이

이 놀이는 총 2장으로 구성되어 있다.

2) 회오리바람 놀이(2)

- A4 크기에 맞춰 복사한다.
- 원하는 대로 색칠한다.
- 선을 따라 접는다.
- 놀이 참여 아동의 이름이 쓰인 부분 위에 세워 놓는다.

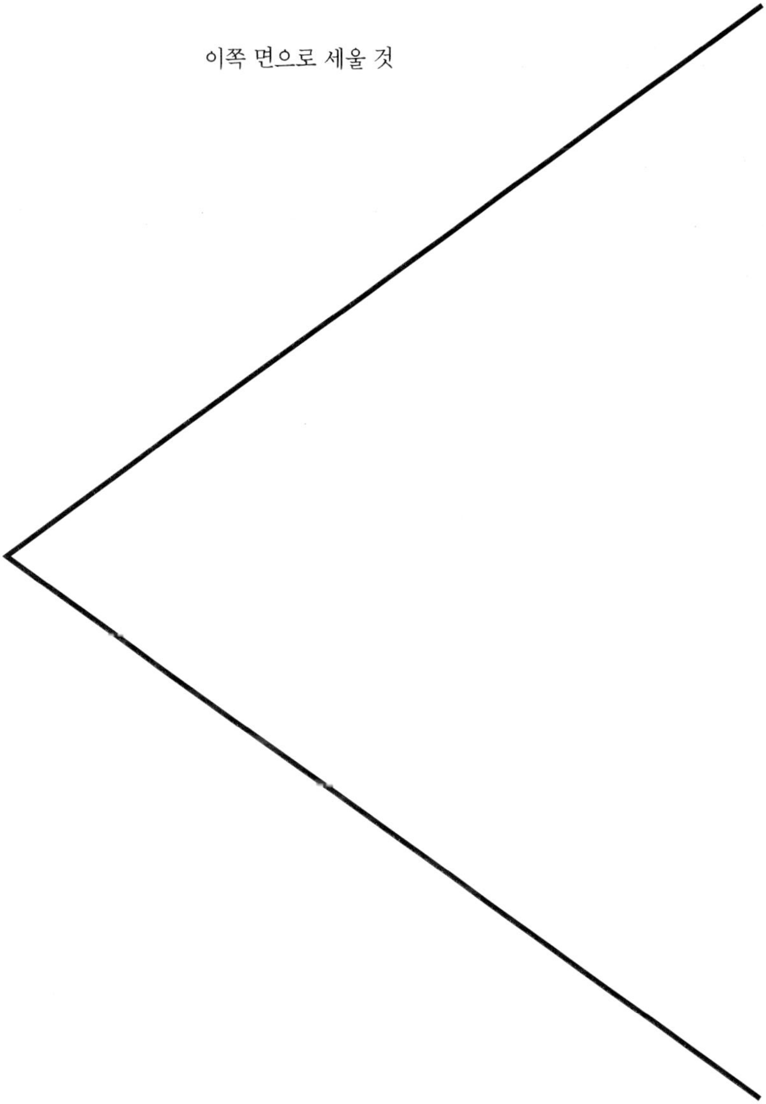

출처: Atemspiele

5. 불기레일

- A4 크기에 맞춰 복사한다.
- 중심선의 양쪽 면을 각각 반으로 접고, 다시 중심선을 접어서 M자 모양으로 만든다.

6. 표적판

- A4 크기에 맞춰 복사한다.
- 구멍들을 오려 낸다.
- 책이나 블록 사이에 놓고 세운다.

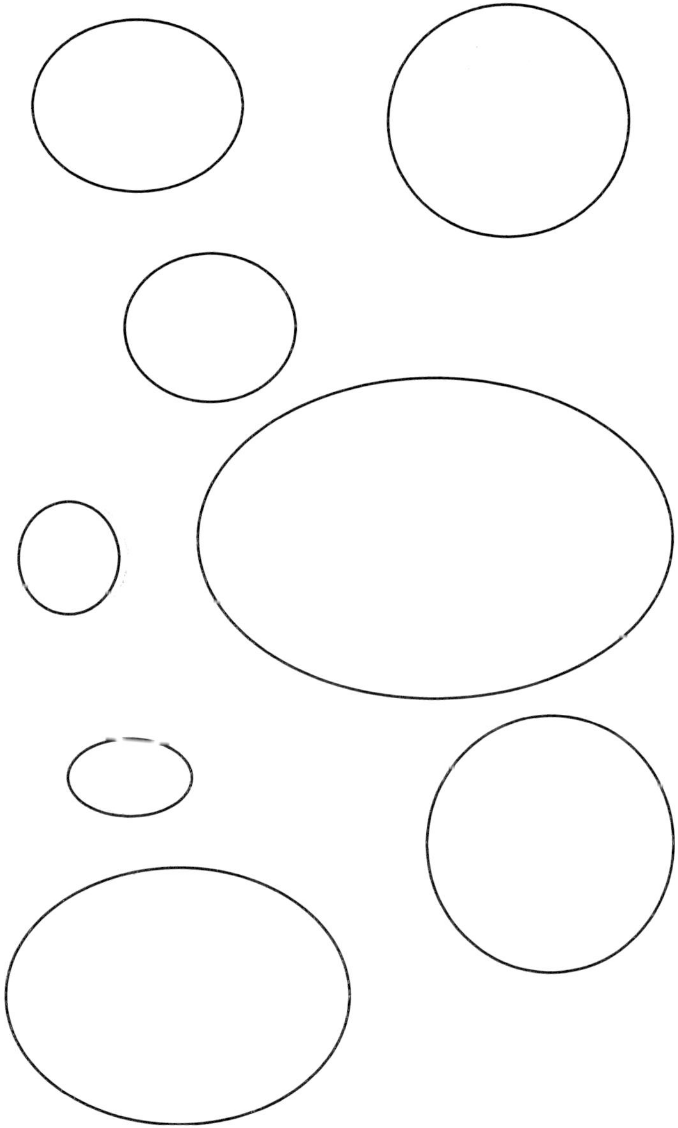

7. 뱀 색칠하기와 뱀 꿈

■ A4 혹은 A3 크기로 복사한다.

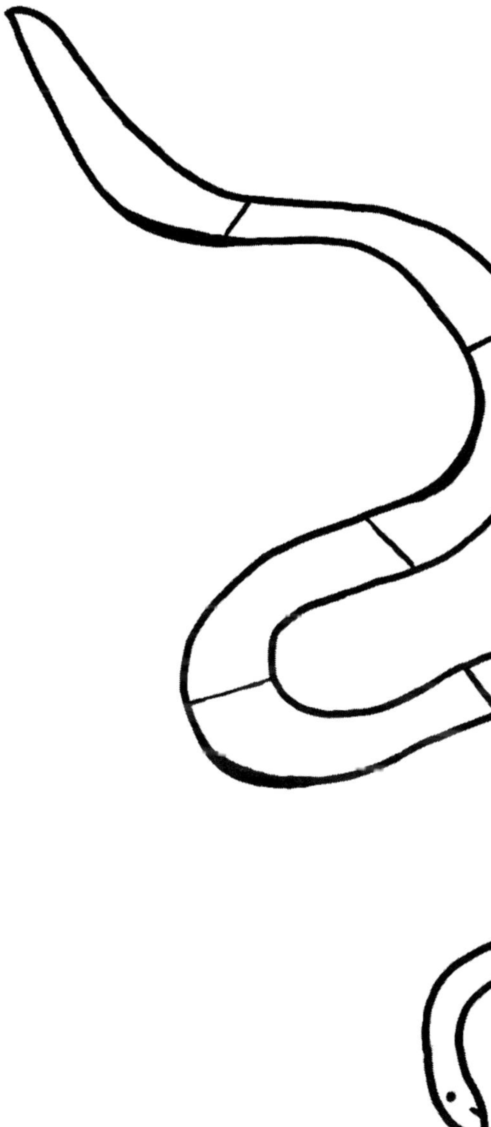

8. 잠자는 토끼

■ 6장 이상 복사한다.

■ 색칠한다.

9. 잔디

- 두꺼운 종이에 복사한다.
- 색칠하고 선을 따라 자른다.

10. 꿀 모으기-꿀벌

- 두꺼운 종이에 복사한다.
- 그림들을 잘라 낸다. 손가락에 감을 수 있도록 옆 띠를 조심해서 자른다.
- 색칠한다.
- 옆 띠를 손가락에 맞춰 붙인다.

11. 꿀 모으기-꽃

- A4 용지에 맞게 확대 복사한다.
- 색칠한다.
- 양 면을 서로 붙이면, 더욱 길고 넓은 공간이 생긴다('시골 가는 길' 놀이에서는 꽃을 오려 낸다).

12. 동물 울음소리 대회

■ 두꺼운 종이에 복사한다.

■ 선을 따라 자른다.

■ 색칠한다.

13. 동물 그림 주사위

- 두꺼운 종이에 복사한다.
- 선을 따라 접고, 풀칠을 하여 주사위로 만든다.

14. 메아리 놀이

■ 두꺼운 종이에 확대 복사한다.

■ 선을 따라 자른다.

음성놀이를 위한 놀이카드: 에코 플레이(Echo-play)

너, 어디 있어?	거기 누구 있어요?
마음에 들어?	이쪽으로 와 봐!
여기 있을 거야?	누가 부르는 거야?
올 수 있어?	안녕!
너희들 모두 몇 명이니?	내 말 들려?
어떻게 지내?	너 뭐해?
몇 살이야?	이름이 뭐야?

15. 입 다물기 표

■ 복사하여 사용한다.

입 다물기 표: ____________________

입을 다물고 있었는지 하루에 세 번 검사한다.

예

아니요

16. 입 다물기 훈련

■ 복사하여 사용한다.

입 다물기 훈련

	아침	점심	저녁
일요일			
월요일			
화요일			
수요일			
목요일			
금요일			
토요일			

참고문헌

Adams, I., Struck, V., & Tillmanns-Karus, M. (2002). *Kunterbunt rund um den Mund.* Dortmund: verlag modernes lernen.

Bahnemann, F. (1979). Mundatmung als Krankheitsfaktor. *Fortschritte der Kieferorthop die, 40,* 117-136, 171-228, 321-344.

Berquet, K.-H. (1988). *Sitzsch den und Haltungssch den.* Stuttgart: Thieme.

Bigenzahn, W. (1995). *Orofaziale Dysfunktionen im Kindesalter. Grundlagen, Klinik, thiologie, Diagnostik und Therapie.* Stuttgart: G. Thieme Verlag.

B hme, G. (1997). *Sprach-, Sprech-, Stimm- und Schluckst rungen.* Stuttgart: G. Fischer Verlag.

Bondi, M. (1994). *Orofaziale craniozervikale Myotherapie.* Berlin: Quintessenz-Verlag.

Broich, I. (1992). *Mundraum-Seele und Sprache.* Heidelberg: H thig-Verlag.

Broich, I. (1988). *Das Mundorgan.* Heidelberg: K.F. Haug Verlag.

Br gger, A. (1996). *Gesunde Haltung und Bewegung.* Z rich: Verlag Br gger.

B nting, K.-D. (1996). *Deutsches W rterbuch.* Chur/Schweiz: Isis-Verlag AG.

Burhop, U., Determann, N., Dirks, S., & Schm lling, R. (1995). *Mundmotorische F rderung in der Gruppe.* M nchen: Ernst-Reinhardt-Verlag.

Castillo-Morales, R. (1991). *Die orofaziale Regulationstherapie.* M nchen: Pflaum-Verlag.

Cramer, A. (1995). *Kinder f rdern durch Sprechen und Singen.* M nchen: S dwest-Verlag.

Curschellas, C. (Ed.) (1993). *Muskelfunktions bungen im orofacialen Bereich.* Luzern: Edition SZH/SPC.

Damst , P. H. (1986). Eine scheinbare Trivialit t-das Gewohnheits-Mundatmen als Ursache von H rst rungen bei Kindern. *Sprache-Stimme-Geh r, 10,* 116-117.

Edel, H., & Knauth, K. (1977). *Grundz ge der Atemtherapie.* Dresden: Verlag T. Steinkopf.

Ehrenberg, H. (1998). *Atemtherapie in der Physiotherapie/Krankengymnastik.* M nchen: Pflaum-Verlag.

Friedrich, G., & Bigenzahn, W. (1995). *Phoniatrie.* Bern: Verlag Hans Huber.

Focus (1998). *Dufte Gesch fte. Nr. 9,* 5.

Franke, U. (1987). *Artikulationstherapie bei Vorschulkindern.* M nchen: Ernst-Reinhardt-Verlag.

Geo Wissen (1997, September). Sinne und Wahrnehmung, *Zeitschrift Geo Wissen.* pp. 81, 88-95.

Glaser, V. (1981). *Eutonie.* Heidelberg: Haug Verlag.

Goebel, W., & Gl ckner, M. (1984). *Kindersprechstunde.* Stuttgart: Urachhaus.

Goldenberg, D. (1967). *Geruchswahrnehmung und Schwellen von Duftgemischen beim Menschen.* Leipzig: J. A. Barth Verlag.

Grevers, G. (1997). *Klinikleitfaden Hals-, Nasen-, Ohrenheilkunde.* Stuttgart: G. Fischer-Verlag.

Haberfellner, H., & Haffner, B. (1979/80) Gest rte Mundfunktionen im Kindesalter. *P diat. prax. 22,* 37-45, 217-224. M nchen: Hans Marseille Verlag GmbH.

Hayek, V. (1953). *Die menschliche Lunge.* Heidelberg: Springer-Verlag.

Jacobs, D. (1977). *Die menschliche Bewegung.* Kastellaun: Aloys Henn Verlag.

Jacoby, H. (1980). *Jenseits von Begabt und Unbegabt*. Hamburg: Christians Verlag.

Jones, I., & Mann, W. (1985). Orofaziale Dyskinesien und Ver nderungen der nasalen, naso- und oropharyngealen Luftwege. *Fortschritte der Kieferorthop die, 46*, 113-126.

Kempf, H.-D., & Fischer, J. (1993). *R ckenschule f r Kinder.* Hamburg: Rowohlt Taschenbuch.

Kofler, L. (1897/1977). *Die Kunst des Atems.* Basel: B renreiter Verlag.

Klein-Vogelbach, S. (1984). *Funktionelle Bewegungslehre.* Heidelberg: Springer Verlag.

Leonhardt, H. (1979). *Innere Organe, Band 2.* Stuttgart: Thieme Verlag.

Lodes, H. (1977). *Atme richtig.* M nchen: Franz Ehrenwirt Verlag.

L scher, W. (1989). *Riech-und Schmeckspiele.* M nchen: Don Bosco-Verlag.

Maelicke, A. (1990). *Vom Reiz der Sinne.* Weinheim: VCH Verlagsgesellschaft.

Mertensmeier, I. (1993). Wenn Kinder dicke Backen haben.... *Zeitschrift L.O.G.O.S. interdisziplin r, 1/1*, 29-31.

Michaelis, H. (1993). Mit D ften sprechen. *Zeitschrift Bild der Wissenschaft, 7*, 58-62.

Mogel, H. (1991). *Psychologie der Kinderspiele.* Berlin: Springer Verlag.

Padovan, B. (1976). Die Schluckfehlfunktion, aus Fachzeitschrift *Ortodontia Band 9, Nr. 1 und 2* Myotherapeutisches Training bei Zungenfehlfunktion: Diagnose und Therapie , bersetzt von Dr. H. v. Treuenfels.

Parow, J. (1981). *Die Heilung der Atmung.* Stuttgart: Hippokrates Verlag.

Petermann, G. (1996). *Stimmbildung und Stimmerziehung.* Neuwied: Luchterhand Verlag.

Rohen, J. W. (1994). *Funktionelle Anatomie des Menschen.* Stuttgart: Schattauer Verlag.

Rohmert, W. (1991). Grundz ge des funktionalen Stimmtrainings. *Zeitschrift f r Arbeitswissenschaft.*

Rossberg, E. (1995). *Unser K rper: Mund und Z hne.* Reinbek: Rowohlt Taschenbuchverlag.

Scheufele-Osenberg, M. (1993). *Atemschulung.* D sseldorf: Econ Taschenbuch-Verlag.

Schmitt, L. (1966/1981). *Atemheilkunst.* Pforzheim: Humata Verlag.

Sch nweiler, R. (1994). Synoptische Betrachtung der Ergebnisse an .... *Folia Phoniatrie Logop die, 46*, 18-26. Basel: Karger AG.

Schubert, F. (1990). *Fachkunde f r Zahnarzthelferinnen.* Duisburg: Libromed-Verlag.

Sch mann, G. (1992). *Die Atemschriftzeichen.* Wilhelmshaven: Florian Noetzel-Verlag.

Seidner, W., & Wendler, J. (1997). *Die S ngerstimme.* Berlin: Henschel Verlag.

Seyd, W. (1972). *Sprache und Bewegung.* Villingen: Neckar-Verlag.

Seyd, W. (1993). *Schwingen und Atemmassage.* Villingen: Neckar-Verlag.

Spalteholz, W. (1959/60). *Handatlas der Anatomie des Menschen.* Amsterdam: Scheltema & Holkema.

Stampa, A. (1973). *Atem, Sprache und Gesang.* Kassel: B renreiter Verlag.

Struck, V. (1990). *Sprechwerkzeugkiste.* Leverkusen: Steiner-Verlag.

Struck, V. (1992). *Atem-und Mundmuskelspiele.* unver ffentlichtes Material

Thiele, E. (1997). *Myofunktionelle Therapie.* Heidelberg: H thig-Verlag.

Tr nkmann, J. (1997). tiologie, Genese und Morphologie dyskinesiebedingter Dysgnathien. *Sprache-Stimme-Geh r, 21*, 152-160. Stuttgart: Thieme Verlag.

Vopel, K. (1991). *Reise mit dem Atem.* Hamburg: iskopress.

Waibel, M. J. (1994). *Gummim nnchen und Schlangenk nigin.* M nchen: Humboldt-Taschenbuch-Verlag.

Wendler, J., Seidner, W., Kittel, G., & Eysholdt, U. (1996). *Lehrbuch der Phoniatrie und P daudiologie.* Stuttgart: Georg Thieme Verlag.

Wirth, G. (1994). *Sprachst rungen, Sprechst rungen, kindliche H r-st rungen.* K ln: Deutscher rzte Verlag.

Z tphen, van T. (1998). Dufte Gesch fte. *Focus Nr. 9/98*, 68.

저자 소개

Veronika Struck

호흡-말-음성 치료사로서 Schlaffhorst-Andersen 방법을 통한 치료에 정통하다. 뿐만 아니라 대화치료사로도 활동 중이며, 독일 쾰른 대학교에 출강하고 있다. 『말산출 치료 도구집(*Sprechwerkzeugkiste*)』의 저자이며, 또한 『신나는 구강 운동(*Kunterbunt rund um den Mund*)』의 공저자로 근기능장애 치료(myofunctional therapy)를 위한 진단서 개발에 힘썼다. 현재 개인 치료실을 운영하고 있다.

Doris Mols

호흡-말-음성 치료사로서 특히 Schlaffhorst-Anderson 방법을 통한 치료에 정통하며, 운동을 통한 발성훈련에도 정통하다. 현재 개인 언어치료실을 운영하고 있다.

역자 소개

박정식

독일 Freiburg 대학교 석사과정 졸업(독어학)
독일 T bingen 대학교 박사과정 수학(독어학)
독일 K ln 대학교 석사과정 졸업(언어장애재활교육학)
충남대학교 대학원 언어병리학과 겸임교수
현재 박정식 언어임상연구소 소장

배진애

독일 Bielefeld 대학교 석사과정 졸업(임상언어학)
독일 Bielefeld 대학교 박사과정 졸업(임상언어학)
대불대학교 언어치료청각학과 강의교수
현재 파크사이드 재활의학병원 언어치료실장
충남대학교 대학원 언어병리학과 겸임교수

말-언어장애 아동을 위한
호흡 · 조음 · 발성 치료

Atem-Spiele: Anregungen für die Sprach- und Stimmtherapie mit Kindern

2010년 1월 18일 1판 1쇄 발행
2024년 11월 20일 1판 10쇄 발행

지은이 • Veronika Struck · Doris Mols
옮긴이 • 박정식 · 배진애
펴낸이 • 김 진 환
펴낸곳 • (주) 학지사
04031 서울특별시 마포구 양화로 15길 20 마인드월드빌딩 5층
대표전화 • 02) 330-5114 팩스 • 02) 324-2345
등록번호 • 제313-2006-000265호
홈페이지 • http://www.hakjisa.co.kr
인스타그램 • https://www.instagram.com/hakjisabook

ISBN 978-89-6330-213-3 93370

정가 **16,000원**